DÉCOUVERTE DU P

AUVERGNE

CANTAL
HAUTE-LOIRE
PUY-DE-DÔME

80 sites décrits
37 microbalades
à pied

Le volcanisme en Auvergne

Chamina

25 PAS
1re édition
Mise à jour 2005

Couverture : Rocher de Prades, en Haute-Loire ; vignette : éruption strombolienne au Fogo, 1995.
Fond couverture et dos : petit matin sur la Limagne. Vignettes au dos : chaîne des Puys ; scories soudées du puy de la Vache ; lac Pavin ; chapelle Sainte-Madeleine à Massiac ; cascade du Saillant ; orgues de Goudet.

Les roches Tuilière et Sanadoire dans le nord des monts Dore (site 20).
Elles dominent la haute vallée glaciaire de Fontsalade.

SOMMAIRE

Mode d'emploi

La découverte du volcanisme fonde la compréhension des paysages de l'Auvergne et du Velay. Depuis 12 ou 13 Ma, les éruptions ont construit l'essentiel de leurs reliefs et conditionné la variété des morphologies, la nature des sols et sous-sols, l'architecture... Entrez dans les mots et dans les pas des volcanologues à la rencontre d'une terre explosant de créativité.

L'esprit du guide

Ce guide s'adresse à tous ceux qui désirent allier la découverte de terrain à des connaissances scientifiques actualisées. Les nombreuses illustrations rendent visibles l'éruption ou la structure souterraine, restaurent les formes érodées, font parler le paysage : schémas de principe du glossaire, cartes et coupes géologiques simplifiées, schémas morphogéologiques, panoramas ou photos d'affleurements légendés.

Outil de connaissance, il emploie un vocabulaire scientifique simplifié. Le point est fait sur l'origine des volcans auvergnats, sur l'éventualité de leur réveil et sur l'histoire géologique des huit ensembles volcaniques choisis.

Au sommet du mont Mézenc.

Cette présentation prépare aux excursions de terrain en les replaçant dans le contexte régional.

Outil de terrain, il décrit quatre-vingt sites choisis pour leur intérêt volcanologique, leur lisibilité, leur accessibilité, et recense une vingtaine de lieux de découverte consacrés au volcanisme (musées, expositions...). Pour chaque site est indiqué un point d'observation ou un parcours de découverte dit « microbalade », d'une durée de quelques minutes à moins d'une heure et demie. Lorsqu'une ambiguïté de cheminement est susceptible d'exister, la microbalade fait l'objet d'une carte avec descriptif.

Sur le terrain

Accès et cheminements

- Les sites sont proposés avec une possibilité de parking pour les voitures particulières. Les groupes se renseigneront sur l'accessibilité en autocar.
- Les cheminements sont publics ou autorisés par les propriétaires. Toute atteinte au droit de propriété peut entraîner l'annulation du droit de passage. Leur statut peut évoluer dans le temps : se conformer aux panneaux en place. Ils sont strictement pédestres ; les temps de marche sont comptés sans haltes ni hors circuits.
- Les sites décrits sont des lieux touristiques ou des lieux moins connus, tous choisis avec l'idée d'inscrire l'excursion volcanologique dans une découverte plus large du secteur, sur une demi-journée ou une journée : voir la rubrique « Tout près » à chaque

site, et les routes touristiques tracées sur les cartes de l'atlas. Ils se situent sur ou à proximité immédiate de randonnées balisées : prolonger la balade en se renseignant dans les OT et à Chamina (p. 140 et 3e de couverture).

Carrières

Qu'elles soient publiques, privées (entrée interdite : les observations se font alors depuis l'entrée) ou autorisées, rester à distance des fronts de taille parfois instables.

Échantillonnage

Ce guide n'est pas conçu pour les collectionneurs de roches et de minéraux. Dans certains sites (ex. : réserves naturelles), l'échantillonnage est strictement interdit. Se référer aux éventuelles indications de terrain et se rappeler qu'une roche n'est pas toujours en place (empierrements, saupoudrage venu de volcans voisins...).

Milieux fragiles

- Ne monter ni ne dévaler à travers les pentes des volcans (dégradation de la couverture végétale, éboulement de scories, fuite de la petite faune...).
- Progresser avec prudence sur les cheires (surface chaotique glissante, risque sérieux d'égarement) ; ne prélever ni glace, ni végétation, ni pierres dans les fragiles « trous à glace ».
- Respecter les espèces pionnières caractéristiques des lieux secs et rocheux qui s'installent sur les affleurements, ainsi que les tourbières (tremblants dangereux, cueillette interdite).

Zones rurales et pastorales

- Ne pas stationner devant les entrées de chemins, de champs, de fermes.
- Franchir les clôtures par les dispositifs spéciaux, sinon passer sous les barbelés. Refermer les barrières.
- Contourner les troupeaux. Ne pas approcher les taureaux ou les veaux en présence des mères.
- Votre chien perturbe les troupeaux et peut etre à l'origine d'accidents pour vous-même ou d'autres randonneurs ; vous êtes responsable des dégâts qu'il cause (mort d'une brebis, par exemple). Sa présence est soit interdite, soit tolérée s'il est tenu en laisse courte.

Vous randonnez à vos risques et vous êtes responsable des accidents qui pourraient survenir, à votre propre préjudice ou à celui d'un tiers, du fait du non-respect des recommandations exposées dans ces pages.

Vous devez être OBLIGATOIREMENT assurés en responsabilité civile.

Cartographie

Les fonds de carte utilisés dans ce guide sont des reproductions au 1/25 000e, au 1/20 000e ou au 1/12 500e des cartes au 1/25 000e de l'Institut Géographique National (IGN) ; leur numéro est indiqué pour chaque micro-balade.

Agence Auvergne-Loire-Ardèche
5b rue Claude-Chappe
Parc d'Affaires de Crécy
69771 Saint-Didier-au-Mont-d'Or Cedex
Téléphone : 04 37 64 24 70
Télécopie : 04 37 64 24 80

Abréviations et symboles

Ma : millions d'années
OT : office de tourisme
SI : syndicat d'initiative
PR : petite randonnée (balisée)
Parcours décrit
Hors circuit
Sens de balade
Point de vue

Météo

Les sites de montagne sont dangereux voire inaccessibles en période de gel (verglas) ou d'enneigement, de novembre à avril, suivant les années. Les éviter aussi par temps de brouillard ou d'orage quelle que soit la saison. Par beau temps, privilégier les sites à panoramas ; pour les sites à affleurements, le meilleur moment est après la pluie.
Consulter la météo au 0 892 68 02 suivi du numéro du département.

Équipement

Prévoir vêtements et chaussures adaptés à la marche, eau, nourriture énergétique, petite pharmacie, couteau, boussole ; pour les observations géologiques : jumelles, marteau, loupe.

Et bien sûr...

Pas de détritus, de feux, de camping sauvage, de cueillette d'espèces protégées...

Mots du volcanologue

Dans une définition, un mot en italique renvoie à une autre définition, pour permettre d'approfondir l'information.

Les définitions des produits et formes volcaniques renvoient aux sites du répertoire particulièrement représentatifs.

Basalte compact au puy de la Vache (site 9)

Fig. 1
Bombes volcaniques.

En bouse de vache :
lave très fluide s'écrasant au sol.

En fuseau :
lave fluide ayant suivi une trajectoire hélicoïdale.

En chou-fleur :
lave fluide dans un contexte phréatomagmatique.

En croûte de pain : lave visqueuse
dans un contexte explosif ou strombolien.

Brèches du Pas de Cère (site 50)

Alcalin : riche en sodium et en potassium, par rapport à la proportion de silice. Voir aussi *Série magmatique*.

Asthénosphère : voir *Structure interne de la Terre*.

Avalanche de débris : masse de *blocs* de toutes tailles et de toutes natures correspondant à l'écroulement par gravité d'un des flancs d'un *strato-volcan*. Ses dépôts montrent une surface relativement plane, mais hérissée de collines de débris en relief, appelées « hummocks ». Sa mise en place a été décrite et filmée pour la première fois lors de l'*éruption* du mont *Saint-Helens*.
→ Sites 19 ; 42.

Basalte : *roche volcanique* sombre, résultant de la solidification d'une *lave* peu *différenciée* qui constitue des *coulées* étalées (le basalte est alors gris-noir, compact, souvent prismé) et des *cônes de scories* (le basalte est alors rougeâtre ou noir, à l'aspect de mâchefer). Le basalte est la roche volcanique la plus abondante du volcanisme auvergnat. Voir aussi *Série magmatique*.

Bloc : voir *Pyroclastite*.

Bombe : projection de *lave* de la taille d'un *bloc*, retombant avec une forme particulière acquise pendant le trajet aérien, quand la projection possède encore une viscosité plus ou moins grande. Cette forme est fonction du style d'*éruption*. Voir aussi *Pyroclastite*. Fig. 1.

Brèche volcanique : *roche volcanique* hétérogène constituée de plus de 50 % de débris anguleux, de tailles très variées, non triés, cimentés dans une matrice plus fine. Il existe de nombreux types de brèches volcaniques. Ces formations sont particulièrement abondantes dans le volcan cantalien. Voir aussi *Avalanche de débris*, *Lahar*, *Pyroclastite*.
→ Sites 41, 50.

Caldeira (ou caldera) : structure d'effondrement circulaire ou elliptique, dont la surface peut atteindre plusieurs km^2. Elle résulte de l'appel au vide provoqué par l'affaissement en

profondeur du toit d'un *réservoir magmatique* rapidement vidangé. Fig. 2.
→ Site 22.

Cendre : voir *Pyroclastite*. Voir aussi *Cinérite*.

Cheire (ou cheyre) : voir *Coulée de lave*.
→ Sites 3 ; 6 ; 9 ; 10.

Cheminée : conduit par lequel le *magma* parvient en surface. Il peut exister plusieurs cheminées. On peut les visualiser comme des filons de magma (Fig. 7 et 20) et non comme des conduits circulaires. Voir aussi *Dyke*.

Cinérite : *roche volcanique* à grain fin résultant du dépôt stratifié et de la cimentation de *cendres* volcaniques emportées par les panaches éruptifs.

Cône de scories : forme que prend le volcan dans le cas d'un volcanisme *strombolien*. Il s'édifie autour de la *cheminée* volcanique par entassement des produits émis (*scories* meubles injectées de *coulées*). Au centre du cône, la forte chaleur favorise l'oxydation du fer contenu dans les scories : les scories proches de la cheminée contiennent du fer ferrique et sont rouges (on parle d'un faciès « cœur de cône ») ; les scories éloignées de la cheminée contiennent du fer ferreux et sont noires (on parle de faciès « bas de cône »). Fig. 20.
→ Sites 4 à 6 ; 9 ; 33 ; 51 ; 54.

Coulée de lave : épanchement de *lave* en surface, à partir de fissures (volcanisme *hawaïen*), au pied ou dans les pentes des *cônes de scories* (volcanisme *strombolien*). La longueur, l'épaisseur et l'aspect d'une coulée varient en fonction de la viscosité de la lave et de sa teneur en *gaz*, de son débit et de sa vitesse d'épanchement, du relief sur lequel elle progresse.

- La surface des coulées de lave très fluide est lisse ; l'augmentation de la viscosité induit une surface scoriacée, voire même chaotique (*blocs*). Dans le volcanisme auvergnat, les coulées présentant une surface scoriacée à chaotique sont confondues

Fig. 2
Caldeira.

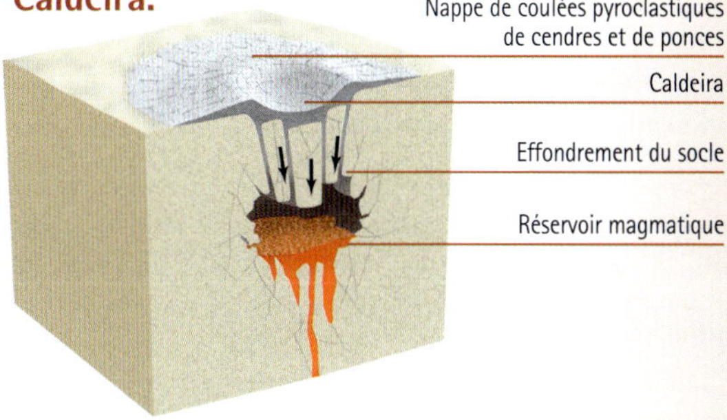

Fig. 3
Coulées de lave dans le paysage.

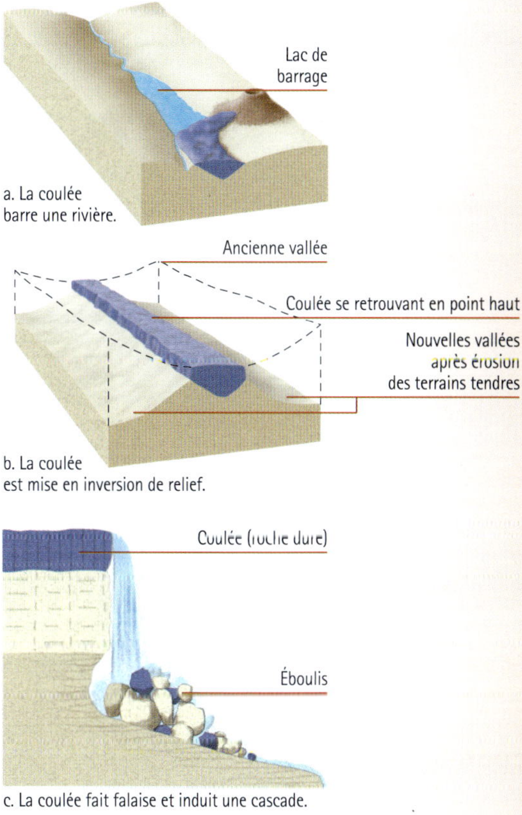

a. La coulée barre une rivière.
b. La coulée est mise en inversion de relief.
c. La coulée fait falaise et induit une cascade.

Coulée de lave du mont Cameroun, 1999.

Coulée active.

Front de la coulée refroidie.
Cette coulée pourrait être celle de la Nugère (site 3), ou de la Vache (site 9).

Fig. 4
Cratères des cônes de scories.

a. Cratère simple : un stade d'activité.

b. Cratères multiples : plusieurs stades d'activité.

- Sans déplacement du point d'émission : cratères emboîtés (à gauche).
- Avec déplacement du point d'émission des projections (à droite).

c. Cratère égueulé.

Il est dû à l'obliquité de la cheminée et/ou à la déstabilisation d'un flanc lorsque les phases explosive et effusive sont synchrones (la coulée emporte alors les scories).

dans le seul terme de « *cheire* » (du celtique *cairn*, lieu pierreux).

- La structure interne d'une coulée révèle souvent une *prismation* (Fig. 14) plus ou moins nette.

- Les coulées refroidies marquent durablement le paysage. Fig. 3. Voir aussi *Effusif* et *Prismation*.

→ Sites 31 ; 35 ; 37 ; 42 ; 47 ; 48 ; 61 ; 77 + sites *Cheire* et *Prismation*.

Coulée pyroclastique : émulsion dense et turbulente de fragments de *lave* de tailles variées (de la *cendre* au *bloc*) et de *gaz* brûlants, qui s'écoule à grande vitesse. Les coulées pyroclastiques regroupent, d'une part, les nuées et avalanches ardentes, de faible extension, émises lors de l'explosion ou de l'écroulement d'un *dôme*, et, d'autre part, les coulées de *ponces* des explosions *katmaïennes* ou *phréato-pliniennes*, dont les volumes considérables peuvent couvrir plusieurs centaines de km^2.

→ Sites 7 ; 21.

Cratère : entonnoir, ou forme égueulée, ouvert(e) lors d'*éruptions* par les explosions qui déblaient les abords du point de sortie des matériaux. Les conditions de l'éruption déterminent différentes formes cratériques. Voir aussi *Maar*. Fig. 4.

→ Sites 4 à 6 ; 9 ; 51 + sites *Maar*.

Cristallisation fractionnée : ce processus, à l'œuvre dans les *réservoirs magmatiques*, produit du *magma différencié* (Fig. 5) par la formation successive de minéraux qui se séparent des phases liquides en « tombant » au fond du réservoir. Les premiers minéraux à cristalliser (péridots, pyroxènes, amphiboles...) concentrent fer, magnésium et calcium ; en conséquence, les liquides résiduels se trouvent appauvris en ces éléments. Le processus se répète et le résidu devient de plus en plus siliceux et *alcalin*. Au terme, on obtient plusieurs types de magmas qui engendreront des *laves* de compositions légèrement différentes, appelées *séries magmatiques*.

Des incidents peuvent perturber le processus : brassage dû à une vidange du réservoir lors d'une *éruption*, réalimentation du réservoir par du magma profond, fonte partielle des parois du réservoir.

Croûte terrestre : voir *Structure interne de la Terre*.

Déferlante basale : nuée plus riche en vapeur d'eau et moins brûlante que la *nuée ardente*, qui se propage à grande vitesse et au ras du sol. Elle est associée à une *éruption phréatomagmatique*. Fig. 12.

Diatrème : large *cheminée* de *brèches* ou de *tufs* qui forme l'infrastructure profonde d'un *maar* dans un contexte de *phréatomagmatisme* (Fig. 12). Lors des explosions, cette cheminée s'élargit par effondrement des parois et reçoit des retombées de débris. L'ensemble est brassé avec le *magma* qui continue de s'injecter et de se fragmenter. Voir aussi *Pépérite*.
→ Sites 18 ; 55 ; 68.

Différenciation/Différencié : la différenciation est l'évolution d'un *magma* dans un *réservoir magmatique* par *cristallisation fractionnée*. Les magmas peu différenciés ont peu évolué : ils sont pauvres en silice et peu visqueux. Les magmas très différenciés sont riches en silice et visqueux. Entre les deux, les magmas moyennement riches en silice (52 à 66 %) sont dits intermédiaires. Fig. 5.

Dôme : forme que prend le volcan dans le cas d'un volcanisme *extrusif*. La *lave*, trop visqueuse pour s'écouler, s'accumule lentement autour du point de sortie (le phénomène peut durer des mois ou des années). Selon son degré de viscosité, elle forme un dôme plus ou moins aplati ou, à l'inverse, une aiguille dite *protrusion*. Fig. 6 et 11.
→ Sites 4 ; 7 ; 45 ; 69 ; 76 ; 78 ; 79 + sites *Protrusion*.

Dômite : nom local de la roche du puy de Dôme, à composition de *trachyte*. Voir aussi *Série magmatique*.

Fig. 5 **Différenciation.**

Hypothèse de transit des magmas pour la chaîne des Puys.

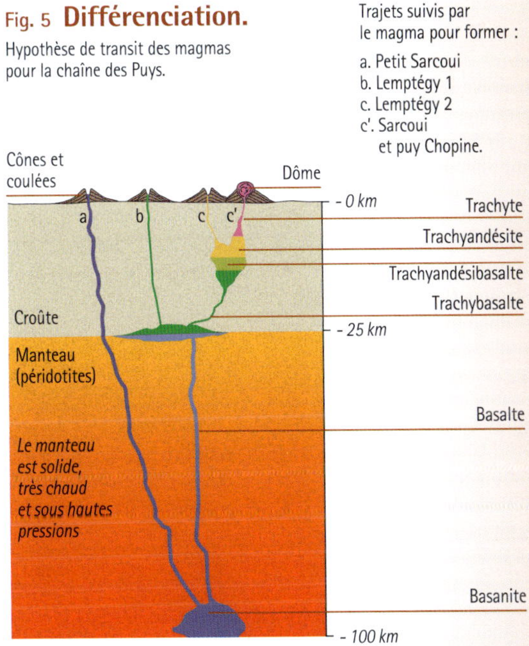

Fig. 6 **Dômes.**

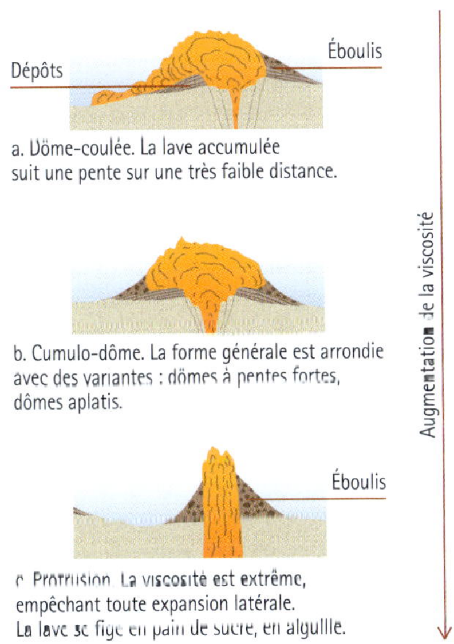

a. Dôme-coulée. La lave accumulée suit une pente sur une très faible distance.

b. Cumulo-dôme. La forme générale est arrondie avec des variantes : dômes à pentes fortes, dômes aplatis.

c. Protrusion. La viscosité est extrême, empêchant toute expansion latérale. La lave se fige en pain de sucre, en aiguille.

Fig. 7 **Dykes.**

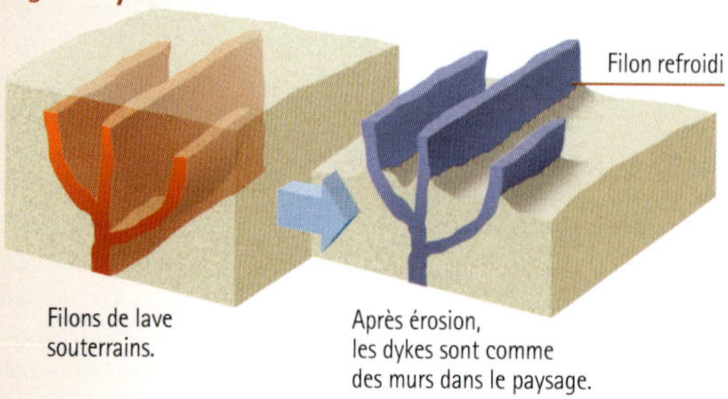

Fig. 8a
Éruption : principe.

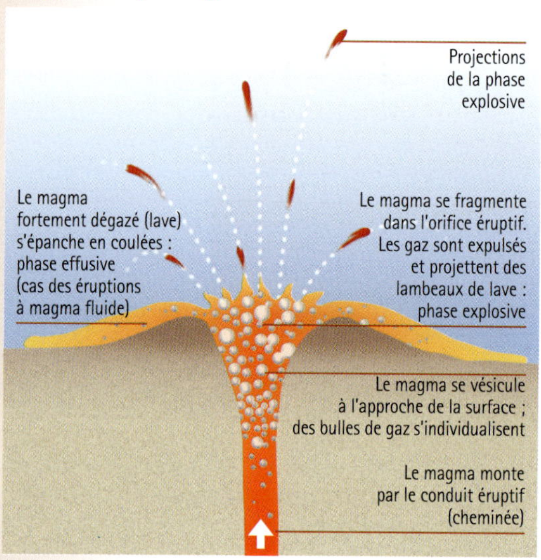

Fig. 8b
Éruptions : classification.

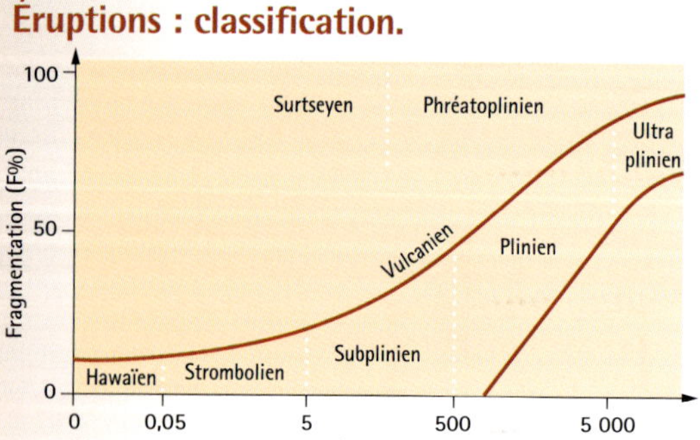

Doréite : nom local d'une *trachyandésite* peu *différenciée*, de teinte sombre, défini par A. Lacroix en 1923 dans le massif des monts Dore. Voir aussi *Série magmatique*.

Dyke : filon de *lave* remplissant une fissure . Après refroidissement, il est mis en relief par l'érosion. Fig. 7.
→ Sites 24 ; 25 ; 71.

Effusif : volcanisme mettant en jeu un *magma* peu *différencié* et pauvre en *gaz*. Il se définit par la production de *coulées*. Il s'exprime dans les types *hawaïen* et *strombolien*.
Fig. 9 et 20.

Éruption : toute émission en surface de produits volcaniques (*laves*, *gaz*, *pyroclastites*) alimentée par un *magma*. La forme de l'éruption, ou dynamisme éruptif, peut être *effusive*, *explosive*, *extrusive*, *hydromagmatique*. Une éruption peut prendre une forme unique ou plusieurs formes, synchrones ou successives. Un autre vocabulaire (toujours très usité mais controversé car faisant référence à des édifices particuliers, à des éruptions historiques) distingue les types éruptifs suivants : *hawaïen*, *strombolien*, *vulcanien*, *plinien*, *katmaïen*, *péléen*... Fig. 8a et 8b.

Évent : point d'émission des produits volcaniques (*cratère*, fissure...).

Explosif : volcanisme mettant en jeu une *lave* riche en *gaz* dissous. Dans le cas d'un *magma* basaltique, les *éruptions* sont faiblement explosives (*fontaines de lave* des éruptions *hawaïennes* ; projections de *cendres*, *scories* ou *bombes* des éruptions *stromboliennes*). Dans le cas d'un magma à la fois riche en gaz et très *différencié*, la viscosité induit une libération brutale des gaz. Ces explosions violentes engendrent de grands panaches de cendres et des *coulées pyroclastiques*. Les types *vulcanien*, *plinien* et *katmaïen* en sont l'illustration (les monts Dore et le Cantal ont connu de telles éruptions).

Extrusif : volcanisme mettant en jeu un *magma* visqueux, peu riche en *gaz* dissous, construisant des *dômes*. Les types *péléen* et *Saint-Helens* (Fig. 17c) illustrent la mise en place d'extrusions.

Fontaine de lave : jet de *lave* fluide, bref et répétitif, propulsé par les *gaz* lors *d'éruptions effusives*. Les fragments projetés se soudent en retombant au sol en petits cônes ou en remparts. Voir aussi *Hawaïen*, *Strombolien*.

Fumerolle : dégagement de *gaz volcanique* à partir de petites fissures ouvertes au voisinage des bouches éruptives. Il persiste en dehors de l'*éruption* proprement dite. La composition des fumerolles varie avec la baisse de température. Elles laissent des dépôts de soufre, d'oxydes, de sulfures, de sulfates...

Fusion partielle : voir *Manteau* et *Péridotite*.

Gaz volcanique : acteur majeur des *éruptions*, le gaz volcanique est essentiellement de la vapeur d'eau (jusqu'à 95 %, voire plus), à laquelle se mêlent le plus souvent des gaz carboniques ou sulfurés. Voir aussi *Fumerolle*.

Hawaïen : type de volcanisme essentiellement *effusif*, fissural, défini par de vastes épanchements de *laves* basaltiques très fluides, pouvant s'accompagner de *fontaines de lave*. Les volcans-boucliers d'Hawaï sont la référence. Ce type s'exprime dans le Cézalier, les planèzes cantaliennes, l'Aubrac. Fig. 9. Voir aussi *Coulée de lave*.

Hyaloclastite : roche constituée de débris de lave vitrifiés, dits hyaloclastes (du grec *hyalo*, verre et *clastein*, brisé). Voir aussi *surtseyen*.
→ Site 20 ; 66 à 68.

Hydromagmatique : volcanisme survenant lorsqu'il y a rencontre entre un *magma* ascendant, brûlant, et une eau libre ou souterraine. Les types *surtseyen* et *phréatomagmatique* en sont des illustrations.

Fontaines de lave à l'Etna, Sicile, Italie, 1999.
Remarquez l'alignement des bouches éruptives.

Fumerolles et dépôts du Vulcano, îles Éoliennes, Italie.

Fig. 9
Éruption de type hawaïen.

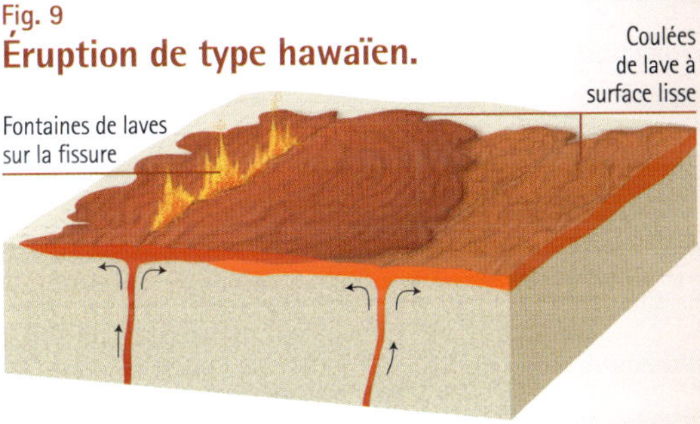

Coulée de lave très fluide dite « pahoehoe », à **Hawaï**, 1993

Lahar du Pinatubo,
île de Luzon, Philippines, 1994.

Fig. 10 Neck.

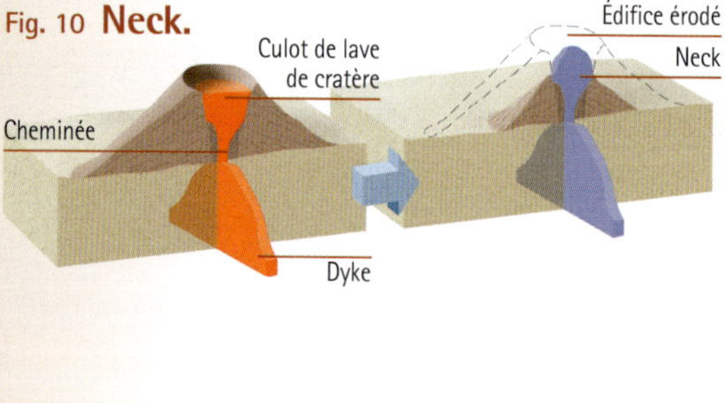

Intermédiaire : voir *Différenciation/Différencié.*

Katmaïen : type de volcanisme *explosif*, mettant en jeu un *magma* très visqueux et défini par l'épanchement de volumes considérables de *coulées pyroclastiques* de *cendres* et de pierres *ponces* sur des superficies importantes. Le terme fait référence à l'*éruption* non observée du mont Katmaï en Alaska, en 1912 ; il est hors classification des dynamismes éruptifs (Fig. 8b). En Auvergne, ces épanchements seraient représentés dans les monts Dore par la formation de la Grande Nappe. Fig. 2. → Site 22.

Lahar : *coulée* boueuse dévastatrice composée d'eau ou de glace fondue et de débris de *roches*. De grands lahars associés à des *avalanches de débris* sont descendus des monts Dore et ont atteint la Limagne. Dans le Cantal, ils sont nombreux dans la partie ouest. Les brèches qui en résultent sont des dépôts épais de plusieurs mètres, composés d'un ciment argilo-sableux abondant qui enrobe des *blocs* de roches de toutes tailles et de toutes origines. On parle aussi de coulée de débris. → Site 19.

Lapille : singulier de lapilli. Voir *Pyroclastite.*

Lave : *magma* largement dégazé à l'approche de la surface (Fig. 8a) où la pression diminue. Dans le langage courant, « lave » s'emploie souvent indifféremment pour désigner le magma ou la lave.

Lithosphère : voir *Structure interne de la Terre.*

Maar : vaste *cratère* d'explosion circulaire, ouvert dans le substratum par une *éruption phréatomagmatique* (Fig. 12). Il est cerné d'un anneau, ou d'un croissant, de projections composé de nombreux débris du socle ainsi que de *magma* sous forme de *lapilli* vitreux et de *bombes* en chou-fleur ou en croûte de pain (Fig. 1) selon la viscosité du magma. « Maar » est le nom que portent ces formations dans le massif de l'Eifel, en Allemagne. Voir aussi *Diatrème.*
→ Sites 1 ; 2 ; 8 ; 29 ; 30 ; 58 ; 62 ; 65 ; 75 ; 76.

Magma : matériau en fusion composé de liquides silicatés, de cristaux, de débris de *roche*, et de *gaz*. Il est issu d'une *fusion partielle* et locale du *manteau terrestre*. Sa composition varie selon la profondeur à laquelle a lieu la fusion. Lors de son ascension, il peut atteindre ou non la surface (voir *Roche magmatique/volcanique/plutonique*), il peut stationner ou non dans un *réservoir magmatique*. Les magmas mis en jeu dans le volcanisme d'Auvergne sont des magmas *alcalins*, plus ou moins déficitaires en silice. Fig. 5 et 8a.

Manteau terrestre : voir *Structure interne de la Terre*.

Monogénique/Polygénique : un volcan monogénique est le produit d'une unique et courte *éruption*. C'est le cas de nombreux volcans de la chaîne des Puys. Un édifice polygénique est le résultat d'une histoire longue et complexe qui connaît plusieurs phases éruptives de types différents, entrecoupées de périodes de repos.

Neck : ancienne *cheminée* volcanique ou culot de *lave* de *cratère*, mis(e) en relief par l'érosion. Fig. 10.
→ Sites 43 ; 44 ; 67.

Nuée ardente : voir *Coulée pyroclastique*.

Ordanchite : nom local d'une variété de téphrite, défini à la banne d'Ordanche, dans le massif des monts Dore, par A. Lacroix, en 1917. Voir aussi *Série magmatique*.

Orgues : voir *Prismation*.

Péléen : type de volcanisme *extrusif* défini par la sortie de *lave* très pâteuse en *dôme* ou aiguilles (Fig. 6), associée à des explosions latérales régulières qui occasionnent des *nuées ardentes* et des panaches de *cendres*. Le terme fait référence à l'*éruption* de la Montagne Pelée en Martinique, en 1902. Il est bien représenté en Auvergne par les sucs du Velay oriental ou par le fameux puy de Dome. Fig. 11.

Péléen. Dôme encore fumant du Mérapi, Java, 1994.

Fig. 11
Éruption de type péléen.

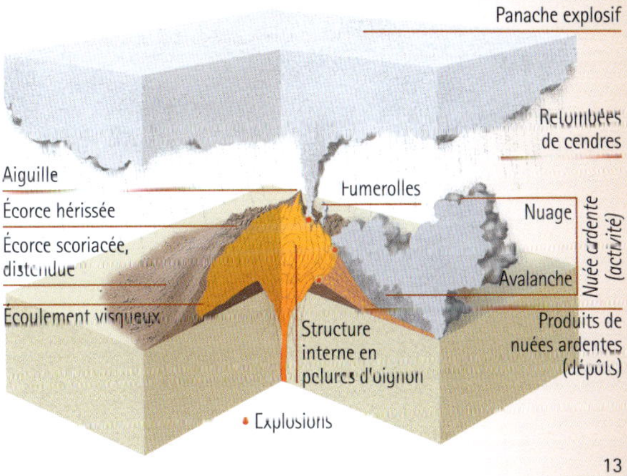

Pépérite de Limagne.

Péridotite du mont Bar (site 51).

Fig. 12

Éruption de type phréatomagmatique : formation d'un maar basaltique.

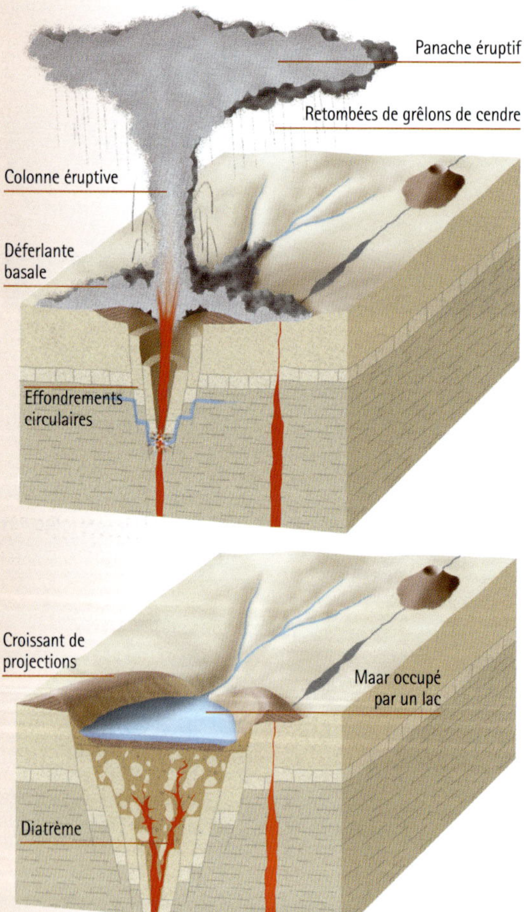

Pépérite : type de *tuf* volcanique formé par l'émiettement en petites billes de *lave* vitreuse évoquant des grains de poivre (de l'anglais *peper*) dans un sédiment de composition calcaire ou marneuse, encore mou. Les reliefs pépéritiques caractéristiques du volcanisme *phréatomagmatique* de la Limagne sont des *diatrèmes* dégagés par l'érosion.
→ Sites 13 à 15, 18.

Péridotite : matériau du *manteau terrestre*, constitué d'olivine (silicate de fer et de magnésium) associée à des pyroxènes (silicate de fer, de magnésium et de calcium) et des oxydes.
→ Sites 2 ; 51 ; 54 ; 58.

Phonolite : *roche volcanique* gris clair, se débitant en plaques sonores (du grec *phono*, le son et *lithos*, la pierre) (photo site 73). Elle est formée par solidification d'une *lave différenciée* contenant 57 à 62 % de silice. Elle construit des *dômes* et quelquefois des *coulées* très courtes, épaisses et parfois prismées. Elle est utilisée localement pour la confection des toits de lauzes traditionnels. L'abondance des pointements de phonolite est une caractéristique du volcanisme du Velay oriental. Voir aussi *Série magmatique*.
→ Sites 20 ; 46 ; 69 ; 73 ; 74 ; 80.

Phréatomagmatique : type de volcanisme défini par la rencontre explosive d'un *magma*, indifféremment fluide ou visqueux, et d'une eau souterraine ou superficielle (nappe phréatique, cours d'eau...). Brutalement refroidi, le magma est « trempé » tandis que l'eau est vaporisée. Cette vaporisation instantanée provoque une série d'explosions très violentes qui trouent le socle prééruptif ; la colonne éruptive s'écroule par décompression et engendre des *déferlantes basales* qui se propagent radialement. Le relief volcanique ainsi créé est en creux : c'est un *maar* à l'aplomb d'un *diatrème*. Lorsque le magma se tarit avant l'eau, le maar accueille un lac, voué au comblement par les sédiments ; lorsque l'eau se tarit avant le magma, celui-ci continue à s'injecter dans le diatrème et atteint parfois la surface où, soit il alimente une activité aérienne (*éruption strombolienne* ou *péléenne*, suivant sa viscosité), soit il s'épanche en un lac de *lave*. Fig. 12.

Plinien : type de volcanisme *explosif*, défini par l'émission verticale en continu de grandes quantités de *cendres* et de *ponces*, propulsées à vitesse supersonique en une impressionnante colonne éruptive qui, par écroulement, engendre des *coulées pyroclastiques*. Le terme fait référence à l'*éruption* du Vésuve qui détruisit Pompéi en l'an 79 et qui fut relatée par Pline le Jeune. Fig. 13.

Polygénique : voir *Monogénique*.

Ponce : *pyroclastite* de deux à plusieurs dizaines de centimètres de diamètre, légère et très claire, bulleuse, parfois fibreuse (photo site 21). Elle se forme lors des explosions volcaniques à *lave* très *différenciée* et très riche en *gaz*. Le terme désigne plus l'état de la roche que sa composition exacte.
→ Site 21.

Pouzzolane : en Auvergne, c'est une appellation commerciale qui désigne les *scories stromboliennes* (Fig. 18), donc basaltiques au sens large, exploitées à destination du bâtiment, des travaux publics. Elle est par conséquent impropre puisqu'à l'origine les « pouzzolanes » étaient les *cendres* riches en silice extraites à Pouzzole (Italie), dont les Romains faisaient un ciment.

Prismation : débit particulier, en prismes, de la *roche volcanique* dans la structure interne d'une *coulée* ou d'un filon de *lave*. Les prismes apparaissent lors du refroidissement, lorsque la lave perd un peu de son volume, et s'orientent perpendiculairement aux surfaces froides. Les prismes hexagonaux, longs et réguliers, sont appelés orgues. Fig. 14.
→ Sites 10 à 18 ; 36 ; 40 , 53 ; 57 ; 60 ; 63 ; 71.

Phréatomagmatisme. Maar de Poas se remplissant d'un lac, Costa Rica, 1994.

Fig. 13
Éruption de type plinien.

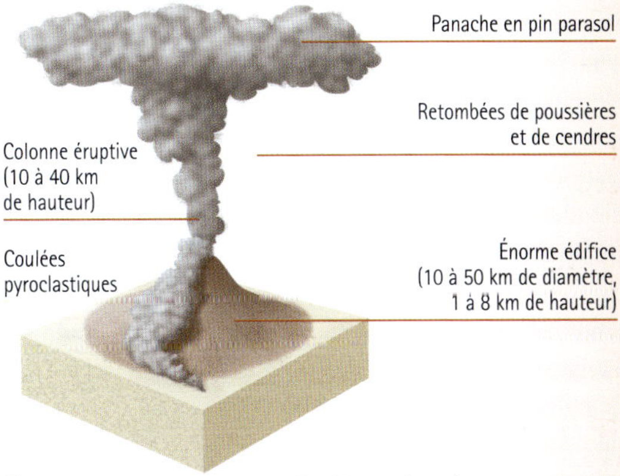

Fig. 14
Prismation.

a) Dans une coulée.

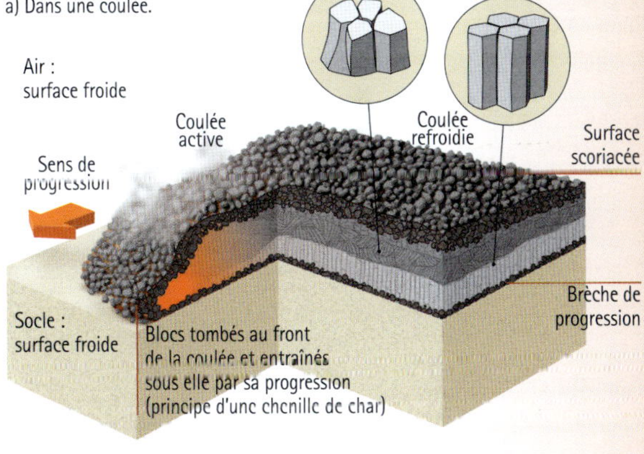

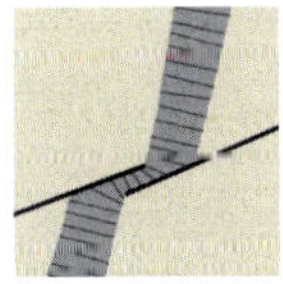

b) Dans un dyke.

c) Dans un sill.

d) Dans une cheminée circulaire.

Fig. 15
Pyroclastites : classification selon la taille.

Taille	Pyroclastites	Formations
> 64 mm	Blocs Bombes	Brèches
2 mm – 64 mm	Lapilli	Tufs de lapilli
< 2 mm	Cendres Poussières	Tufs de cendres Cinérites

Fig. 16
Roches magmatiques.

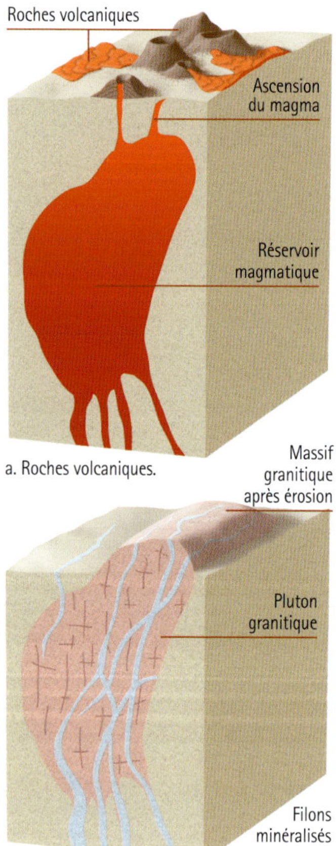

a. Roches volcaniques.
b. Roches plutoniques.

Protrusion : aiguille de *lave* très *différenciée*, construite à l'état quasi solide (Fig. 6c). Voir aussi *Dôme*, *Extrusif*. → Sites 20 ; 46 ; 80.

Pyroclastite : terme s'appliquant à tous les matériaux volcaniques fragmentés qui sont propulsés par les explosions libérant le *gaz* des *magmas* (projections aériennes, débris entraînés dans les nuées, les avalanches, etc.). Ces éléments ont une taille (*cendres*, *lapilli*, *blocs*), un aspect (*scories*, *ponces*) ou une forme (*bombes*) différents. Compactés, cimentés, ils composent les *cinérites*, les *tufs* et les *brèches volcaniques*. Fig. 15.

Réservoir magmatique : c'est le plus souvent la réunion, dans un espace restreint, mais qui peut être volumineux, de nombreuses fractures ouvertes permettant la circulation et/ou le stockage du *magma*. Dès que les *roches* encaissantes entre les filons sont « digérées » et assimilées, le réservoir peut prendre la forme d'une poche remplie de magma. Les réservoirs magmatiques sont situés généralement dans la *croûte terrestre* ou le *manteau* rigide. Le magma qui remonte vers la surface peut en rencontrer un ou plusieurs : s'il y séjourne longuement, il s'y refroidit et subit une *différenciation* résultant de la *cristallisation fractionnée*. Fig. 5.

Rhyolite : *roche volcanique* généralement claire, vitreuse, pauvre en cristaux visibles à l'œil nu, et résultant de la solidification d'une *lave* très *différenciée*, contenant plus de 70 % de silice. Voir *Série magmatique*.

Roche magmatique, volcanique, plutonique : les roches magmatiques proviennent du refroidissement et de la *cristallisation* d'un *magma*.
Elles comprennent :
- les roches volcaniques, composées majoritairement d'une pâte non (ou très peu) cristallisée ; elles sont issues de magmas parvenus en surface lors d'une *éruption* et refroidis très rapidement ;
- les roches plutoniques (granite par exemple) pour lesquelles le magma n'a pas eu accès à la surface et a cristallisé totalement en profondeur dans un

environnement encore chaud. Les roches plutoniques, disposées en massifs ou plutons, sont amenées en surface par l'érosion. Fig. 16.

Saint-Helens : l'*éruption* du mont Saint-Helens, filmée aux États-Unis, le 18 mai 1980, a fait progresser la connaissance des grands édifices volcaniques. Les éruptions de ce type semblent en effet concerner principalement les *strato-volcans*. Elles sont caractérisées par :

- la poussée d'un *dôme* de *magma* à l'intérieur de l'édifice volcanique, qui provoque le gonflement, puis l'écroulement par gravité d'un des flancs du volcan. Cet écroulement engendre des *avalanches de débris*;
- un dégazage violent qui décapite le volcan ; le « blast », souffle à vitesse supersonique, qui en résulte projette d'épais panaches de *cendres* et de nuées de pierres *ponces* : ils recouvrent les *avalanches de débris* et s'étendent bien au-delà ;
- la formation d'une *caldeira* d'avalanche en fer à cheval au cœur de l'édifice mutilé ;
- l'émission de *coulées pyroclastiques* puis de *lahars*, qui progressent sur les dépôts précédents.

Ce fonctionnement pourrait s'appliquer au Cantal. Il s'applique aussi à une des phases de destruction du strato-volcan du Sancy. Fig. 17.

Sancyite : nom local d'une *trachyandésite* très *différenciée*, de teinte claire, défini dans le massif des monts Dore par R. Brousse, en 1963. C'est une *roche* hétérogène car elle contient des enclaves plus sombres, comagmatiques, plus faiblement différenciées (A. Gourgaud, 1985).

Scorie : morceau de *roche volcanique* généralement de composition basaltique, à l'aspect de mâchefer rougeâtre, brun ou noir. Les scories meubles s'accumulent, par couches successives et superposées, sous forme d'un cône lors d'une activité de type *strombolien* Voir aussi *Pouzzolane*. Fig. 18 et 20.

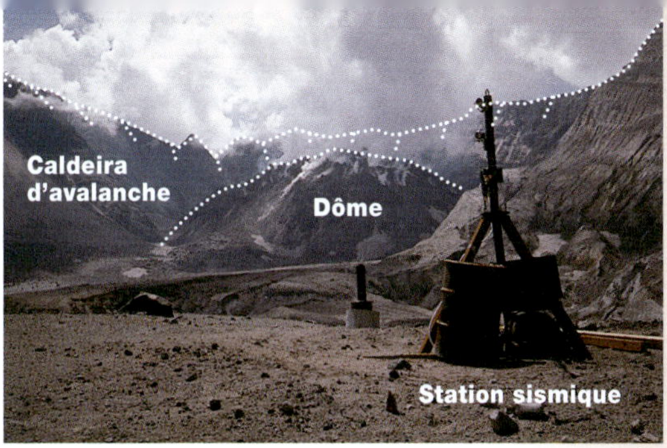

Mont **Saint-Helens**, USA, 1987.

Fig. 17
Éruption de type Saint-Helens.

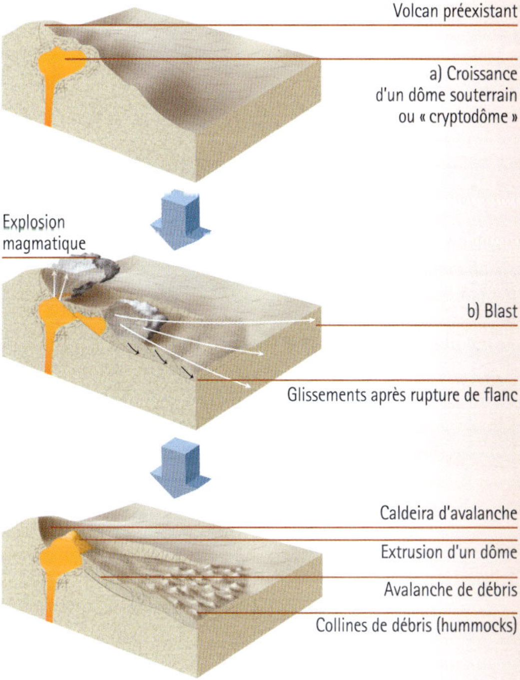

Fig. 18
Scorie.

Fig. 19
Séries des laves du Massif central.

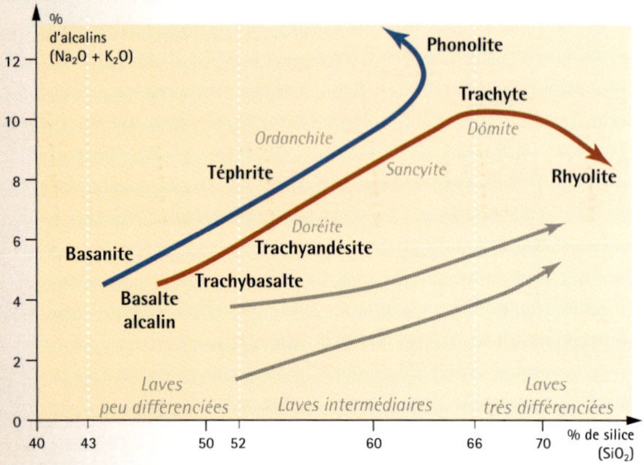

À l'horizon, le **strato-volcan** montdorien.

Fig. 20
Éruption de type strombolien.

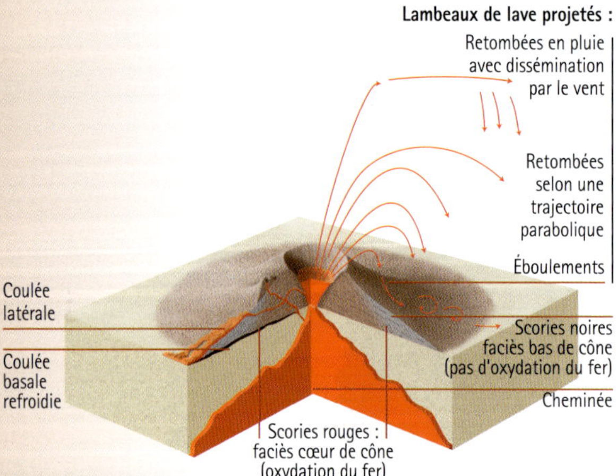

Série (ou lignée) magmatique : groupe de *laves* présentant entre elles des liens génétiques résultant de leur contexte de formation (*fusion partielle*) et d'une évolution commune. On met en évidence l'évolution de leurs teneurs en fer, magnésium, sodium... en fonction de pourcentages croissants de silice. Les *roches volcaniques* auvergnates appartiennent aux deux séries *alcalines* représentées en bleu et rouge dans la Fig. 19. Voir aussi *Cristallisation fractionnée*.

Sill : filon de *lave* subhorizontal.

Strato-volcan : vaste édifice volcanique à l'histoire longue et complexe, formant un grand cône à faibles pentes constitué d'un empilement de *coulées de lave* et de couches de *pyroclastites*, centrées autour d'une zone d'émission principale. Cet agencement est le plus souvent perturbé par de multiples phénomènes : changement dans la forme de l'*éruption*, érosion, écroulement et glissement des flancs, *lahars*, *caldeira*, etc. Les massifs cantalien et montdorien sont des strato-volcans.

Strombolien : type de volcanisme modérément *explosif* et *effusif*, défini par l'édification de *cônes de scories* meubles et l'épanchement de *coulées de lave* relativement fluides. Le terme fait référence au Stromboli dans les îles Éoliennes. En Auvergne, ce type est bien représenté dans la chaîne des Puys et dans le Devès. Fig. 20.

Structure interne de la Terre : on distingue :
- la croûte : océanique (*basalte*) et continentale (granite et *roches* plus denses) ;
- le manteau, fait principalement de *péridotites* dont la *fusion partielle* est à l'origine des *magmas* basaltiques ;
- le noyau.

La *lithosphère* comprend la croûte et la partie la plus superficielle, à l'état solidifié, du manteau supérieur.

Elle est découpée en plaques. L'*asthénosphère* correspond à la partie inférieure du manteau supérieur, à l'état ductile. Fig. 21.

Surtseyen : type de volcanisme *hydromagmatique* défini par la rencontre du *magma* et d'une eau libre (lac, mer, océan), avec construction d'un édifice, expulsion du magma en gerbes dites « cypresoïdes » (en forme de cyprès) et pluie dense de vapeur d'eau et de *cendres*. Les produits « trempés » sont vitreux et brisés (*hyaloclastes*). La référence est l'*éruption* de l'île Surtsey, en 1964, au large des côtes islandaises. Les magnifiques rochers du Puy-en-Velay sont issus de telles éruptions. Fig. 22.

Trachyandésite : famille de *roches volcaniques* grises à brunes, formées par solidification d'une *lave* contenant environ 50 à 60 % de silice et donnant des *coulées* épaisses. Elle est courante dans le volcanisme auvergnat : elle abonde dans le Cantal sous forme de *brèche* et construit l'essentiel des *dômes* et coulées du Sancy. Dans la chaîne des Puys, la « pierre de Volvic » est une trachyandésite. Voir aussi *Série magmatique*.

Trachyte : *roche volcanique* d'un gris très pâle, formée par la solidification d'une *lave différenciée* contenant au moins 65 % de silice et constituant principalement des *dômes*. Voir aussi *Série magmatique*.

Tuf volcanique : *roche volcanique* poreuse, résultant du dépôt et du durcissement de *cendres* volcaniques pouvant contenir des *blocs* de plus grande taille. La cohésion entre les éléments est faible ; une succession de dépôts peut se traduire par un litage. Photos sites 55, 75

→ Sites 55 ; 67 ; 75.

Vulcanien : type de volcanisme *explosif*, défini par des explosions verticales très brèves produisant des retombées et des *coulées pyroclastiques*. Le terme fait référence au Vulcano dans les îles Éoliennes (éruption 1888-1889).

Éruption **strombolienne** à l'Etna, Sicile, Italie, 1986.

Fig. 21

Structure interne de la terre.

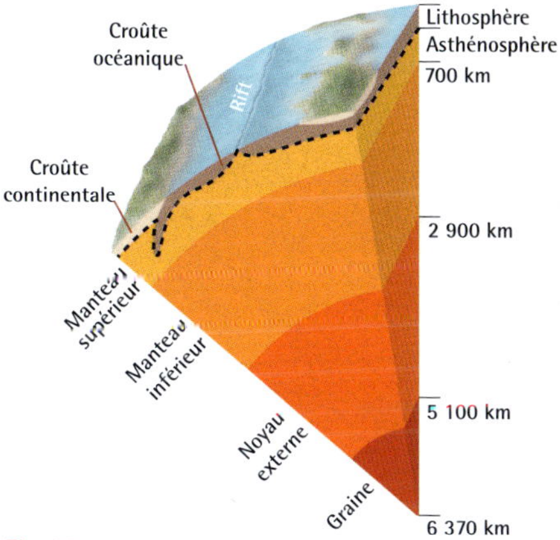

Fig. 22

Éruption de type surtseyen.

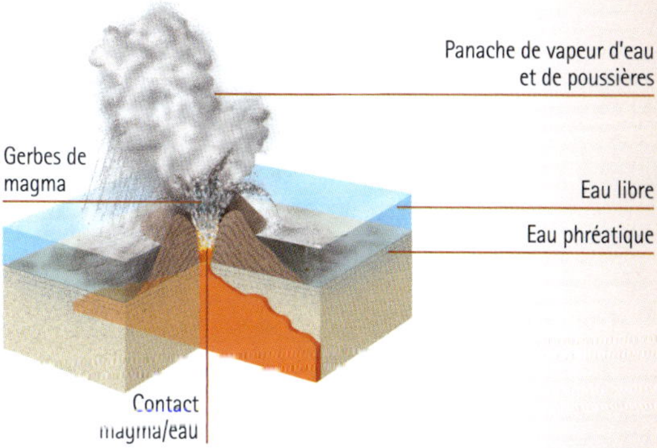

Trachyte du puy Mary (site 45).

À propos des volcans d'Auvergne

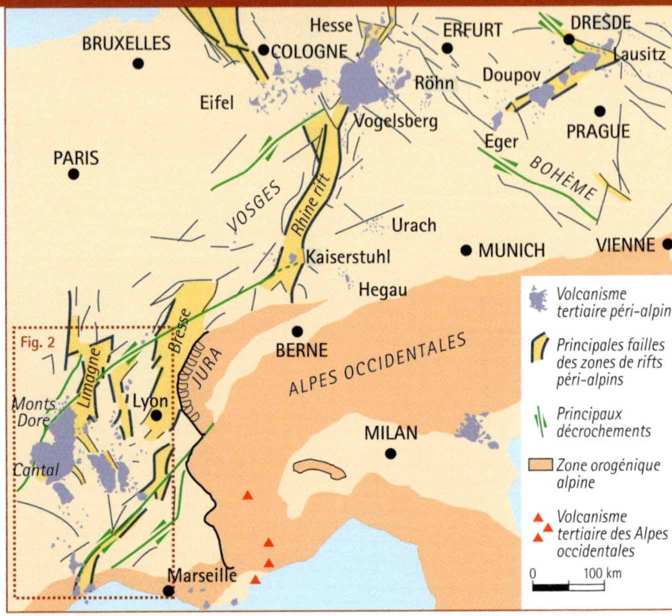

Fig. 1
Les fossés européens et le volcanisme associé.

« Grotte » du Sarcoui (site 4). Vous êtes dans une ancienne mine souterraine d'extraction du trachyte. Il est possible que, comme au Clierzou, ce trachyte ait été utilisé par les Romains pour la construction du temple de Mercure, situé au sommet du puy de Dôme (site 7). Le nom de Sarcoui (de *sarcoï*, le cercueil auvergnat) évoque en tout cas l'utilisation de la roche dans la fabrication de sarcophages, aux VIe et VIIe siècles.

Les volcans d'Auvergne sont une pièce majeure du patrimoine naturel européen. Ils s'étendent sur une vaste région occupant toute la partie centrale et orientale du Massif central (Fig. 2) et sont associés à une série de fossés qui lézardent la plaque européenne de la Méditerranée à la mer du Nord et à la Baltique (Fig. 1).

Ils se présentent soit en grands massifs circulaires (Cantal, monts Dore, Cézalier), soit en chaînes allongées (chaîne des Puys, Devès, haute chaîne phonolitique du Mézenc), soit encore en petits appareils éparpillés en une aire allongée (bassins de Limagne, du Puy et de l'Emblavez, Meygal).

Nous allons pénétrer sur ces terres volcaniques au pas de l'homme : celui qui fut témoin des dernières explosions, celui qui réinventa les volcans, celui qui les décrit, en cherche l'origine et déjà écrit les scenarii de leur réveil à venir.

Fig. 2
Le volcanisme dans le Massif central.

Socle granitique et métamorphique primaire

Terrains sédimentaires secondaires

Fossés et bassins sédimentaires tertiaires

Volcanisme tertiaire et quaternaire

Failles

N

0 50 km

Ensembles volcaniques évoqués dans ce guide :

2 Chaîne des Puys : *p. 32-33 et 50-60*
3 Limagne, Comté, Livradois : *p. 34-35 et 62-70*
4 Monts Dore : *p. 36-37 et 72-83*
5 Cézalier : *p. 38-39 et 84-94*
6 Cantal : *p. 40-41 et 95-107*
7 Aubrac : *p. 98-99*
13 Bassin du Puy et de l'Emblavez : *p. 44-45 et 122-128*
14 Devès : *p. 42-43 et 108-121*
15 Velay oriental (Meygal, Mézenc, Boutières) : *p. 46-47 et 130-138*

Autres ensembles volcaniques :

1 Chaîne de la Sioule : *lambeaux de coulées anciennes en inversion de relief*
8 Causses
9 Escandorgue
10 Bas-Languedoc : *édifices dispersés (dykes et diatrèmes mis en relief), s'alignant dans l'Escandorgue*
11 Bourgogne : *huit pointements basaltiques très anciens*
12 Forez (département de la Loire) : *une centaine de petits édifices basaltiques éparpillés*
16 Bas-Vivarais (vallées ardéchoises) : *volcanisme très récent (cônes de scories, coulées, maars)*
17 Coiron : *plateau basaltique (épaisses coulées formant falaises à son rebord, dykes mêlés, traces de maars et de cônes de scories)*

Glossaire : basalte, cône de scories, coulée de lave, diatrème, dyke, maar, trachyte.

Découverte du volcanisme en Auvergne

Cette histoire s'écrit sans doute en deux épisodes bien éloignés dans le temps.

L'homme témoin des dernières éruptions ?

Depuis au moins 700 000 ans, l'homme est présent en Auvergne où il a colonisé en particulier la vallée de l'Allier et utilisé les produits volcaniques (galets, abris sous roche...). Il est donc un témoin potentiel de l'édification du Sancy et de la chaîne des Puys, mais sa rencontre avec le volcanisme actif a dû être hasardeuse car elle concernait une population nomade très clairsemée.

Il y a 9 500 ans, des groupes de chasseurs-cueilleurs nomades ont pu voir une partie des éruptions tapageuses du Vasset, du Kilian et du Chopine (chaîne des Puys), dont des blocs décimétriques ont atteint les portes de Riom, à plus de 10 km de distance.

Il y a 7 000 ans, la population néolithique connaît une forte croissance, liée à la sédentarisation, à la plus grande clémence du climat, à l'amélioration des conditions de vie. On tient pour quasi certain que de nombreux pasteurs-agriculteurs de cette époque ont contemplé les feux des derniers volcans de la chaîne des Puys.

Après l'éruption du Pavin (site 29), il ne s'est probablement plus rien passé, contrairement à ce que la toponymie pourrait faire croire. Si les toponymes de Montchaud, l'Enfer, Montchal, Montcineyre ou Chadrat, créés sans doute par nos ancêtres Celtes, Gaulois ou Romains, évoquent chaleur et cendres, rien ne prouve leur lien avec le feu volcanique : de simples feux de forêt ou de broussailles ont pu suffire à les inspirer. Ainsi, la rencontre de l'homme et du volcanisme actif reste encore aujourd'hui sans preuve formelle.

Glossaire : basalte, brèche, cendre, cheminée, cône de scories, coulée de lave, cratère, différenciation, éruption, lave, phonolite, ponce, scorie.

Redécouverte du volcanisme auvergnat

Il faut attendre 1751 pour qu'un savant naturaliste parisien, Jean-Étienne Guettard, reconnaisse l'existence de volcans éteints au centre de la France. D'abord à Moulins puis à Riom, Guettard décrit *« une pierre noire et poreuse »* semblable aux laves qu'il a observées au Vésuve, volcan actif reconnu. Le 10 mai 1752, il annonce sa découverte à ses collègues de l'Académie royale des sciences, sous le titre *« Sur quelques montagnes de France qui ont été des volcans »*. Au cours d'un rapide voyage dans les monts d'Auvergne, il visite Volvic et le puy qui domine le village (sans doute le puy de la Bannière), le puy de Dôme d'où il voit les cônes voisins pourvus de cratères, et le Mont-Dore. Sa description du puy de Dôme est relativement précise, sinon juste : *« ... on ne marche que parmi les pierres ponces, sur des quartiers de laves, dans une espèce de gravier ou de sable formé par une sorte de mâchefer et par de très petites pierres ponces mêlées de cendre... »*. D'autres arguments le frappent, qu'il attribue à tort au volcanisme, comme la présence de bitume au puy de la Poix et au

Et Guettard inventa les volcans auvergnats.

HISTOIRE
DE
L'ACADEMIE ROYALE
DES SCIENCES.
Année M. DCCLII.

PHYSIQUE GENERALE.

SUR QUELQUES MONTAGNES DE FRANCE QUI ONT ETE VOLCANS.

LA partie de la Physique qui s'occupe des éruptions des volcans & des phénoménes qui les accompagnent, peut en quelque sorte être comparée à celle de l'Histoire qui a pour objet les révolutions des Empires. Si cette derniére offre la peinture des funestes embrasemens que les passions peuvent produire dans le temps même qu'elles semblent les V. les Mém. page 27.

Hist. 1752. . A

Ci-contre : À Massiac, l'A 75 passe au pied de falaises basaltiques qui portent, en rive droite de l'Alagnon, la chapelle Sainte-Madeleine (ici) et, en rive gauche, celle de Saint-Victor.

En bas de page : La Godivelle, dans le Cézalier. Le soleil se lève sur le lac d'En-haut (site 30) qui emplit un ancien cratère d'explosion.

couvent des Bénédictins de Clermont. Visitant les sources chaudes du Mont-Dore et de Clermont, il écrit : « *... Il pourrait bien se faire que leur chaleur fût entretenue par des feux qui auraient quelques communications avec les volcans éteints... Tout concourt donc à prouver que les montagnes dont il s'est agi dans ce mémoire ont été enflammées, qu'elles peuvent être dans une tension continuelle à l'inflammation...* ». La thèse de Guettard est contestée, notamment par Ozy qui, en 1777, vingt-cinq ans après Guettard, écrit avoir appris en 1750, de deux géologues anglais et irlandais, l'origine volcanique du puy de Dôme et des monts voisins. Mais en 1779, Malesherbes, compagnon de voyage de Guettard, témoigne que le naturaliste parisien est bien l'inventeur du volcanisme auvergnat, en tout cas le premier a l'avoir évoqué par écrit.

Sur les volcans, le labeur et le songe

Le volcanisme est un créateur de reliefs puissant et rapide. Il a construit une forteresse de hauts plateaux et de montagnes douces, et détourné le cours des eaux. Il a saupoudré les sols de scories basaltiques fertiles ou de cendres plus différenciées, créant des terroirs spécifiques. Au long des âges, les paysans ont défriché cette Auvergne volcanique, gagnant en altitude des prairies d'estive qu'ils ont semées de burons pour la fabrication du fromage. Mélangeant les pierres – la phonolite pour les toits (p. 133), le basalte pour les linteaux et les angles, les moellons de brèches pour les murs (p. 125)..., ils ont créé un bâti polychrome et robuste, de fours à pain et de fontaines, de fermes d'élevage et de maisons de maître, de croix et d'églises romanes. Ruines féodales et sanctuaires chrétiens couronnent les multiples points hauts que constituent les volcans récents, les coulées basaltiques en relief (Ph.), les cheminées déchaussées...

Sur l'origine volcanique de l'Auvergne, bien des légendes ont couru où se lient et s'opposent le feu et l'eau. Si les volcans sont des bouches infernales au voisinage desquelles quelque mauvaise rencontre avec le Grand Cornu, la sorcière ou le meneur de loups est toujours à craindre, les lacs de cratère (Ph. ci-dessous) ont inspiré des dires évoquant l'archétype biblique de Sodome et Gomorrhe : sous les eaux profondes et glacées de Tazenat (site 1), du Pavin (site 29), du Bouchet (site 62)... gisent des cités englouties ; tel est le châtiment pour la sécheresse de cœur de leurs habitants. H. L.

Caractéristiques du volcanisme auvergnat

Jusqu'aux années 1960 où émerge la théorie de la tectonique des plaques, il est admis que le volcanisme auvergnat est dû au contre-coup du plissement alpin.

À ce paroxysme alpin est aussi associé le soulèvement et le basculement du Massif central, phénomènes provoquant la fracturation du vieux socle arverne et la formation de bassins tels que la Limagne d'Allier.

Les travaux actuels ont permis de préciser cette interprétation qui concerne aussi le volcanisme associé d'Allemagne et de Bohême (Fig. 1).

Causes du volcanisme

Le volcanisme du Massif central débute il y a 65 Ma à la périphérie de l'Auvergne. Qualifié aujourd'hui de « pré-rift » (Fig. 4a), ce volcanisme ancien (65 à 35 Ma) accompagne les premières manifestations des grands bouleversements de l'ère tertiaire.

Au Tertiaire, en effet, le mouvement complexe et lent que représente la collision des plaques Europe et Afrique provoque compressions et étirements : les Alpes se forment, entraînant la création d'une racine lithosphérique à leur aplomb (Fig. 3a) et l'étirement de la lithosphère à leur périphérie (Massif central).

La plaque Europe subit les déformations alpines et elle s'amincit localement de la fin de l'Éocène au début du Miocène (35 à 23 Ma). Ce phénomène entraîne une fracturation de la croûte terrestre au niveau des fossés que nous observons en Europe occidentale jusque dans la partie nord du Massif central (Fig. 3c).

Un volcanisme dispersé, dit syn-rift, accompagne cet évènement géologique : il débute à l'Oligocène supérieur et se poursuit au cours du Miocène inférieur (Fig. 4b).

Au Miocène supérieur (12 Ma), le flux de chaleur lié à l'enfoncement de la plaque sous la racine des Alpes par-

Fig. 3a et 3b
Formation de la chaîne alpine et incidence de la racine lithosphérique sous les Alpes.

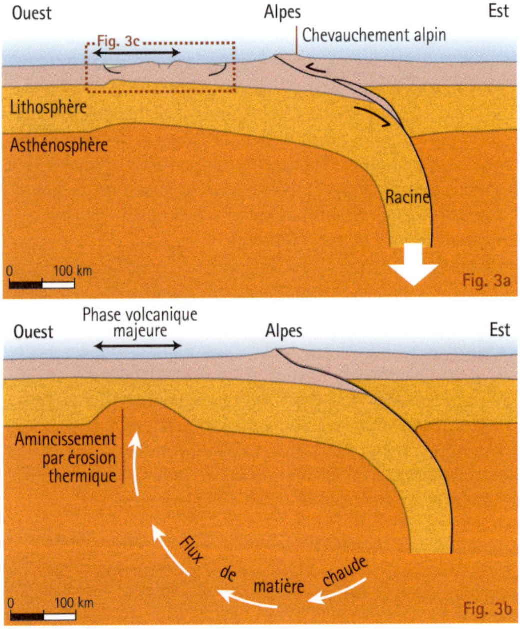

Fig. 3c
Coupe de la croûte terrestre sous le nord du Massif central.

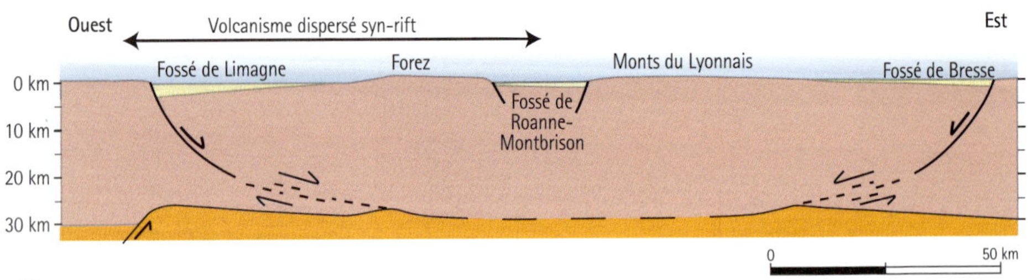

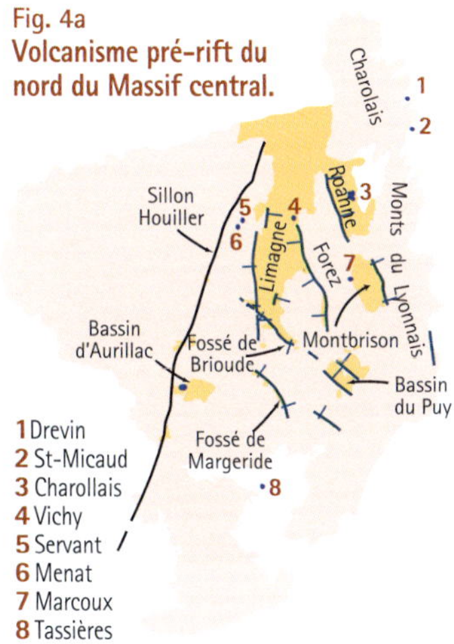

Fig. 4a
Volcanisme pré-rift du nord du Massif central.

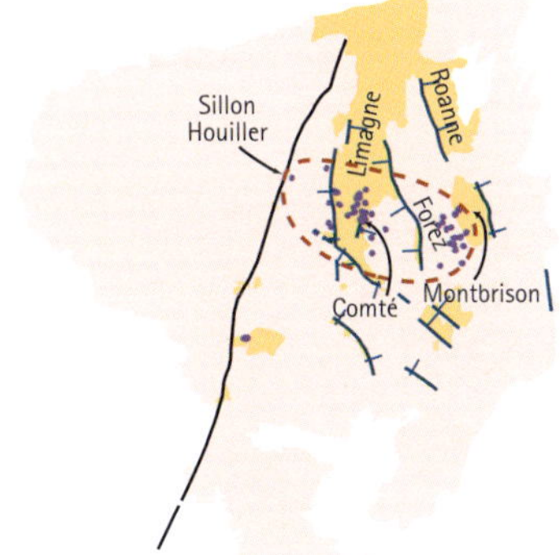

Fig. 4b
Volcanisme dispersé syn-rift du nord du Massif central.

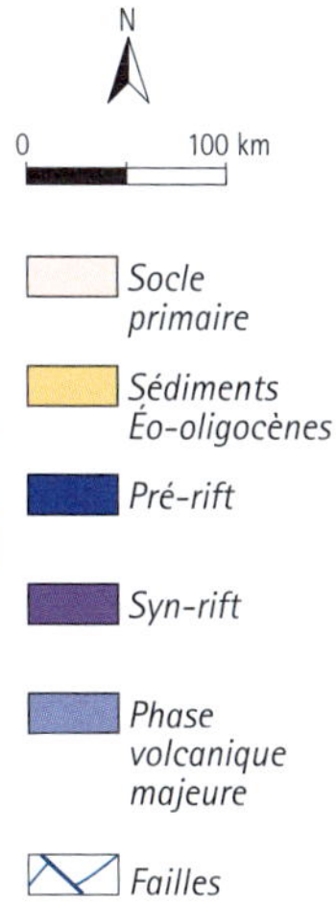

vient sous l'Auvergne : par érosion thermique (Fig. 3b), il amincit plus encore la lithosphère et produit la « phase volcanique majeure » qui se poursuit jusqu'à un passé récent dans le Bas-Vivarais et la chaîne des Puys (Fig. 4c et Fig. 5).

L'apport de chaleur sous le Massif central induit également un soulèvement de l'ensemble du Massif et plus particulièrement de sa partie centrale, entre Cantal et Devès. Ce dernier épisode explique les reliefs relativement élevés du Massif central à notre époque.

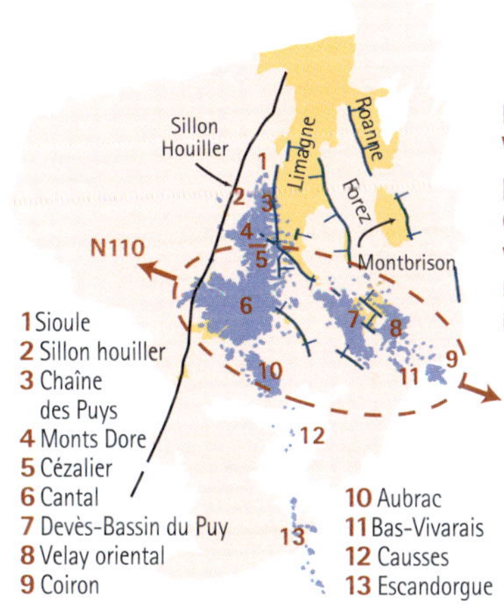

Fig. 4c
Volcanisme post-rift de la « phase volcanique majeure » (PVM).

Âge des volcans

La figure 5 récapitule les principales périodes d'activité pour l'ensemble des volcans du Massif central. La phase volcanique majeure a produit deux pics d'activité. Le premier s'est déroulé entre 9 et 6 Ma, se limitant à la partie sud du

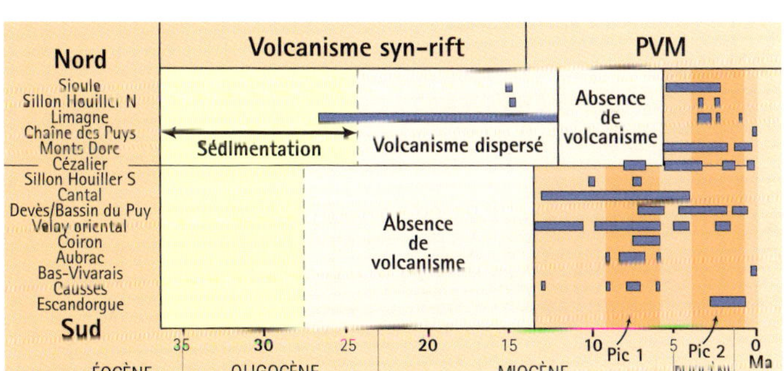

Fig. 5
Périodes d'activité et de repos des ensembles volcaniques du Massif central.

Glossaire : asthénosphère, croûte terrestre, lithosphère.

Les Alpes à un vol d'oiseau des volcans d'Auvergne les plus à l'est. Vue sur le mont Blanc depuis la croix de Boutières (site 79).

massif, tandis que le second (3,5 à 0,5 Ma) a concerné à la fois le sud et le nord.

Origine des magmas

Les basaltes proviennent de la fusion partielle du manteau supérieur à une centaine de kilomètres ou plus. Modélisations en laboratoire et données géophysiques apportent un éclairage indirect sur ce qui se passe dans la croûte.

Méthodes de datation

Les méthodes géologiques classiques comparent les positions relatives des différentes formations. Cependant, le phénomène volcanique étant ponctuel et discontinu, elles sont souvent mal adaptées pour définir précisément la succession ou la contemporanéité des phases d'activité et de repos, leur durée ou les relations d'une région à l'autre.
Les méthodes de géochimie isotopique sont basées sur la radioactivité naturelle et permettent la datation en valeur absolue des éruptions. La plus connue mesure le carbone 14 restant dans les végétaux fossiles carbonisés par les éruptions (site 10). Elle n'est utilisable que pour des âges inférieurs à 40 000 ans et nécessite un recalibrage (voir le cas de la datation des volcans du groupe Pavin : site 29). Plus lourdes sont les méthodes mesurant les éléments instables des roches : argon/potassium, rubidium/strontium, uranium/thorium, traces de fission, thermoluminescence. La précision obtenue a nécessité la définition d'un âge zéro, fixé à l'an 1950 de l'ère chrétienne. Les géologues font suivre les âges récents de l'abréviation BP (before present) qui ne doit pas être confondue avec l'âge BC (before Christ) des historiens.
Aucune de ces méthodes n'est la panacée : la datation d'une éruption nécessite plusieurs mesures convergentes, en plusieurs endroits, selon plusieurs méthodes.

De récentes mesures de la vitesse des ondes sismiques jusqu'à une profondeur de 180 km ont mis en évidence des zones à vitesses lentes, interprétées comme plus chaudes, qui coïncident assez bien avec les zones volcanisées, mais pas spécialement à l'aplomb du volcanisme le plus récent. D'autre part, la cartographie du champ magnétique terrestre montre qu'un nombre important de filons de magma refroidi se distribuent au sein de la croûte dans toute l'Auvergne volcanisée.
Cela confirme que trois processus majeurs (flux thermique élevé, amincissement et dislocation de la croûte) ont rendu possible l'ascension du magma issu du manteau jusqu'à la surface.

Des magmas aux volcans

Selon l'histoire vécue par le magma au cours de son ascension, les formes et les produits volcaniques observables en Auvergne sont des plus variés (Glossaire Fig. 5, p. 9).
Le scénario le plus simple est l'ascension directe et rapide du magma sans arrêt intermédiaire. Une éruption a priori « tranquille » produit alors le basalte noir à bleuté, commun, rencontré sur toute la planète sous la forme de cônes de scories, accompagnés de coulées.
S'il y a arrêt intermédiaire et stockage de longue durée dans un réservoir plus

ou moins superficiel, l'éruption peut être différente. Par exemple, après une émission de basalte comme précédemment, le magma initial cristallise partiellement : les produits émis sont plus différenciés, plus visqueux, et l'activité peut devenir plus explosive. Ces éruptions, parfois très violentes, produisent quelques coulées de lave courtes et épaisses, des dômes accompagnés de coulées pyroclastiques et de nuées ardentes. Enfin, le réservoir peut être réalimenté et produire un nouveau cycle.

En dehors de ces scenarii de profondeur, un autre phénomène, très commun en Auvergne, peut se produire à l'approche de la surface, quelle que soit la nature du magma. Il s'agit de la rencontre du magma brûlant avec un niveau aquifère. La vaporisation de l'eau sous pression déclenche alors un débourrage brutal qui ouvre un cratère profond, entouré d'un anneau des produits expulsés violemment. Cette activité s'appelle le phréatomagmatisme, l'appareil construit, un maar. Le cratère se comblera lentement par la suite et pourra éventuellement accueillir un lac comme ceux, nombreux, qui enjolivent le paysage auvergnat actuel : gour de Tazenat (site 1) ; lacs Servière, Pavin (site 29), d'En-haut (site 30), du Bouchet (site 62), de Saint-Front (site 75).

Reconstitution de la formation d'un rift, ou fossé d'effondrement. Les flèches indiquent le régime de contraintes extensives. Notez l'affaissement et la perturbation des strates *(expérience menée au laboratoire « Magmas et Volcans » de l'université Blaise-Pascal de Clermont-Ferrand, d'après L. Michon).*

Deux types de volcans

Les premiers sont les grands strato-volcans du Cantal et des monts Dore, dont la durée de vie se compte en millions d'années et dont l'activité a pu se manifester selon des modes très diversifiés au cours du temps. Les seconds sont des édifices monogéniques de taille modeste, le plus souvent alignés le long des fractures empruntées par le magma (chaîne des Puys, Aubrac, Velay, Coiron, Escandorgue). Si chaque volcan a une durée de vie courte, de l'ordre du mois ou de l'année, la chaîne volcanique dont il fait partie peut rester active durant plusieurs dizaines de milliers d'années, voire plus.

Possible réveil des volcans

Les volcans d'Auvergne peuvent-ils encore se réveiller ? C'est une des premières questions que se pose le promeneur, juste avant ses corollaires : Quand ? Où ? Comment ?

Quels sont les critères à partir desquels on peut affirmer qu'un volcan est définitivement éteint ? La réponse évolue avec les connaissances sur chaque type de volcan et doit tenir compte du caractère unique de chaque édifice.

Cas des strato-volcans

La longue histoire de ces édifices complexes semble obéir plus ou moins à une loi cyclique. Au cours d'un cycle, les épisodes s'enchaînent, le plus souvent mais pas toujours, de la manière suivante :

- remontée d'un magma profond basaltique ;
- élaboration, dans un réservoir magmatique, de produits différenciés dont le plus riche en silice et le plus explosif sortira en dernier ;
- période de repos pouvant être suivie d'une nouvelle poussée magmatique.

Glossaire : basalte, cône de scories, coulée de lave, coulée pyroclastique, croûte terrestre, différenciation, dôme, explosif, éruption, magma, manteau terrestre, monogénique/ polygénique, nuée ardente, maar, phréatomagmatisme, réservoir magmatique, strato-volcan.

Les hommes préhistoriques ont creusé leurs abris dans les dépôts d'avalanches de débris de Perrier (site 19), tranquillement ignorants de l'origine cataclysmique de ce sweet home. Les grottes étaient encore occupées pendant la guerre de 1939-1945.

Si tout se passait de cette manière, deux critères seraient à retenir :

- la comparaison entre les périodes de repos et la durée qui nous sépare de la dernière éruption ;
- la détermination de la partie du cycle à laquelle appartient la dernière éruption.

En réalité, les cycles ne sont ni vraiment périodiques, ni nécessairement complets.

L'aléa volcanique des strato-volcans est en fait non calculable.

Considérons les deux strato-volcans auvergnats.

• Le Cantal

Son premier événement est daté à 11 Ma, son dernier, à 2 Ma. Au cours de cette longue histoire, il y a eu des phases successives de construction et de démolition, mais, semble-t-il, aucune période de non-alimentation magmatique n'a atteint, et de très loin, la durée qui nous sépare de la dernière activité. On peut donc conclure que le Cantal est bien éteint.

• Le massif des monts Dore

Ici, nous ne sommes séparés de la dernière activité (0,25 Ma) que par une durée égale à la moitié de la période de repos localisée entre 1,6 et 1,1 Ma (sous réserve que cette interruption soit réelle et non due aux lacunes des connaissances).

Cependant, de par le monde, on ne connaît pas de volcan ayant repris activité après 250 000 ans de sommeil. Le réveil des monts Dore est donc classé improbable, mais non impossible.

Cas des volcans monogéniques

Le diagnostic est différent. Ces volcans étant en quelque sorte non rechargeables, on est sûr qu'ils sont éteints. Le problème est alors de savoir si un autre volcan de même nature peut naître à côté d'eux, dans le même ensemble. Examinons les jeunes volcans.

• La chaîne des Puys

Un intervalle de 15 000 ans sépare les deux derniers paroxysmes, soit le double du temps qui nous sépare de la dernière éruption datée à 7 000 ans (groupe du Pavin : site 29).

• Le Bas-Vivarais

Ce volcanisme un peu plus ancien est caractérisé par une remarquable uniformité magmatique, la composition du basalte indiquant par ailleurs une remontée rapide du magma depuis le manteau supérieur. La chronologie des éruptions indique que chaque fissure a fonctionné pendant un temps très court, inférieur à un siècle, et que l'activité s'est déplacée vers le sud-est au cours des 100 000 ans séparant la première et la dernière éruption.

Rien n'empêche donc d'imaginer que le prochain épisode se produira quelque part au sud de la chaîne des Puys, ou en Ardèche, au sud de Thueyts... ou ailleurs. Ce sera dans quelques milliers d'années... ou avant, d'une manière tranquille... ou explosive.

Sismomètre
près de Manson (chaîne des Puys).

La surveillance

La reconstitution des épisodes passés ne peut en somme répondre qu'en partie à la question concernant le réveil possible des volcans d'Auvergne : oui, il est possible, mais sans savoir ni quand, ni où, ni comment. Il faut donc les surveiller, ce que l'on sait faire aujourd'hui à condition d'en avoir les moyens. Compte tenu du très faible risque à court terme, aucune alarme spécifique au volcanisme n'est pour le moment installée, autre que le dispositif déployé pour connaître la sismicité du territoire français. Le risque sismique en Auvergne est en effet faible mais bien supérieur au risque volcanique. Le réseau de sismomètres existant est capable de détecter et de localiser toute secousse sismique de magnitude supérieure à 1,5 en tout point du territoire, et il est question de le renforcer pour mieux contrôler l'activité sismique de la région Auvergne. Ce système est jugé suffisant pour prévenir de l'ouverture d'un conduit magmatique, mais il ne permettrait pas cependant de détecter des séismes d'origine volcanique à plus de 15 km de profondeur.

Les risques

En cas d'ascension rapide d'un magma basaltique, on disposerait de plusieurs semaines pour se préparer à une nouvelle éruption. Ce délai pourrait passer à quelques mois en cas d'un magma visqueux. Les risques encourus par la population seraient de toute façon localisés autour d'un cône ou d'un dôme, accompagné éventuellement d'une petite nuée ardente. Plus problématique serait l'ouverture d'un maar. On a une bonne idée de l'énergie balistique déployée par une telle ouverture : l'explosion du cratère Kilian, par exemple, a expédié des blocs de taille décimétrique au sommet du puy de Dôme situé à 1,5 km et 400 m plus haut ! Des blocs de plus de 5 tonnes ont été expulsés du Vasset par-dessus les puys Pelat, Beaune et Laschamps jusqu'à 2 km ! Mais même dans ce cas, on peut parier que les avantages pour le tourisme auvergnat l'emporteraient sur les inconvénients. M. A. et A. DE G. †

Glossaire :
avalanche de débris, bombe, cône de scories, différenciation, dôme, éruption, magma, manteau terrestre, nuée ardente, réservoir magmatique, scorie, strato-volcan.

L'engouement pour le patrimoine géologique va croissant. Des sites volcaniques sont et seront aménagés dans un proche avenir. Ici, la pédagogique carrière du puy de la Vache (site 9 ; remarquez les bombes au sol, les scories rouges du « cœur de cône » et les scories noires du « bas de cône »).

La chaîne des Puys assoupie sur l'horizon (vue de l'ouest).

Les yeux bleus de La Godivelle (site 30). À gauche : le lac d'En-haut installé dans un cratère de maar ; à droite : le lac d'En-bas, installé dans un creux glaciaire.

Chaîne des Puys

La chaîne des Puys réunit les conditions d'une bonne observation morphogéologique de trois grands types de volcans. Récents, les puys conservent en effet une jeunesse de formes ; nés pour la plupart d'une éruption unique, et alignés selon la direction de la fracturation, ils sont également bien individualisés ; enfin, la diversité des laves a induit la diversité des formes. En quelques kilomètres s'offrent ainsi au regard les plus beaux cônes de scories (Pariou, Côme, Goules, la Vache), les dômes du Sarcoui ou du puy de Dôme, les maars asséchés de Beaunit et Espinasse et le maar de Tazenat occupé par un lac profond. Vous aborderez aussi différents phénomènes relatifs aux coulées (surfaces de cheire, trous à glace...) et une variété de produits (pouzzolane, trachyte, dépôt de nuées ardentes, pierre de Volvic...). H. L.

Scories soudées au sommet du puy de la Vache.

La carrière du puy de l'Enfer (site 8). Le paysage de la chaîne a longtemps pâti de l'exploitation de nombreuses carrières (pouzzolane, pierres de taille L'heure est à la réhabilitation.

LIEUX DE DÉCOUVERTE

Coordonnées p. 140

1 Maison de la Pierre
Ancienne galerie d'extraction de la pierre de Volvic. Son et lumière. Diaporama : volcanisme auvergnat, travail des carriers.

2 Route des Mines Dômes-Combrailles
OT de Pontgibaud : découverte guidée des « trous à glace », l'été. Au Château-Dauphin : musée du passé minier régional ; sorties guidées sur d'anciens sites d'exploitation.

3 Volcan à ciel ouvert
Parcours guidé au cœur du volcan. Film sur le volcan et la chaîne des Puys. Exposition : *Géologie, botanique et écologie du puy de Lemptégy.* Vidéo et livret.

4 Vulcania
Parc européen du volcanisme : espaces scénographiques et pédagogiques. Jardin volcanique. Centre de documentation sur le volcanisme mondial.

5 Sommet du puy de Dôme
Accueil et information sur le département, la météo et le sommet du volcan. Exposition *Ces montagnes appelées volcans* : volcanisme régional et volcanologie. Lecture de paysage guidée, l'été. Tables d'orientation.

6 PNR des Volcans d'Auvergne
Exposition *Des volcans et des hommes* : géologie, milieux naturels et activités humaines sur les territoires du Parc. Balades guidées, l'été, dans la chaîne des Puys. Documents spécifiques.

7 Muséum d'Histoire naturelle Henri Lecoq. Voir p. 34.

Sites avec panneaux et/ou sentiers de découverte :
1 2 3 4 9

La chaîne des Puys dessinée au XIXe siècle par Henri Lecoq, minéralogiste et botaniste qui aménagea le jardin des Plantes, cher aux Clermontois.

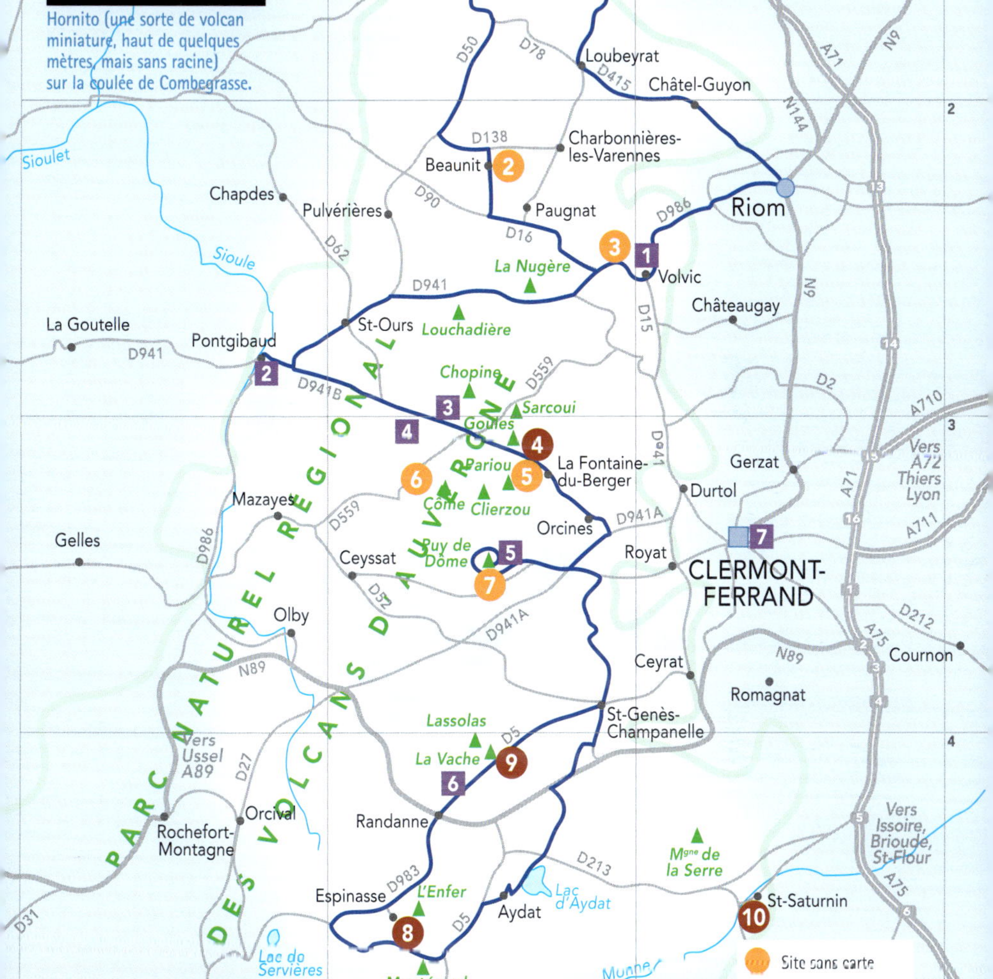

Hornito (une sorte de volcan miniature, haut de quelques mètres, mais sans racine) sur la coulée de Combegrasse.

Les escaliers aménageant la descente du puy de la Vache. Les montagnes d'Auvergne sont fragiles. C'est particulièrement vrai pour la chaîne des Puys dont certains sites sont surfréquentés. Restez sur les sentiers balisés.

Limagne d'Allier

ET SES BORDURES

Au sommet du puy de Courcourt (site 14), cette tour à 130 m au-dessus de la plaine serait le vestige d'un moulin à vent.

1. Plateau des Dôme
2. Faille de Limagne
3. Puy de Montrognon (neck basaltique)
4. Plateau de Gergovie (table basaltique et pépérites, site 15)
5. Puy Saint-Romain (lac de lave en inversion de relief, 781 m, point culminant de la Limagne)
6. Monts du Livradois
7. Monts du Forez

Les reliefs variés de la Limagne vus depuis le puy de Dôme (vers le sud-est).

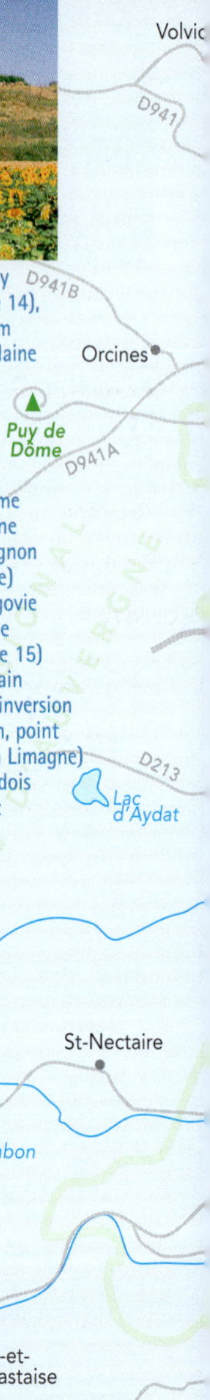

En Limagne, la découverte des volcans est surtout celle des buttes de pépérite, cette roche qui rappelle la présence de lacs dans le bassin effondré au moment des éruptions. Vous la verrez au puy de Bane, à Courcourt, à Saint-Babel, à Gergovie, avec chaque fois un décor différent : ici en contact avec le calcaire blanc, là chapeautée par un lac de lave ou une coulée. Usson et La Garde sont par contre des pics basaltiques. Chaque butte, haute d'une centaine de mètres, fera belvédère sur la Limagne, ainsi que sur la chaîne des Puys ou les monts Dore, ensembles volcaniques voisins dont les formations débordent dans la plaine, comme à Royat ou à Perrier. H. L.

LIEUX DE DÉCOUVERTE

Coordonnées p. 140

7 Muséum d'Histoire naturelle Henri Lecoq
Histoire des sciences à travers des collections de minéralogie, de pétrographie et de paléontologie régionales. Expositions temporaires avec conférences. Animations scolaires. Visites guidées.

8 Maison de Gergovie
Archéologie, diaporama sur la célèbre bataille. Géologie et flore du site. Table d'orientation. Sentier aménagé.

Sites avec panneaux et/ou sentiers de découverte :

14 15 17 18 19

Lave et architecture
à Clermont, Montferrand, Riom, Volvic (voir aux OT).

La jolie butte d'Usson (site 16) au-dessus d'une campagne ordonnée.

La grande Limagne céréalière, près de Riom, affaissée au pied du plateau des Dôme qui porte la chaîne des Puys.

Les orgues de Royat (site 11) près de la grotte des Laveuses où rejaillit l'eau circulant sous la coulée de basalte du petit puy de Dôme.

Monts Dore

Le lac de Guéry (site 20) et le puy de la Tache.

Avec son caractère montagneux marqué, la zone centrale des monts Dore offre de nombreux panoramas. Si les morphologies volcaniques sont difficiles à individualiser dans un strato-volcan, vous saurez reconnaître cependant des dômes et aiguilles (massif du Sancy, roches Tuilière et Sanadoire), des cônes de scories (banne d'Ordanche) ou des dykes (Sancy, Chaudefour) érodés en reliefs hardis. Plus en périphérie, vous aborderez les âges extrêmes du volcan : à Rochefort et La Bourboule, il sera question de l'éruption destructrice qui marqua sa naissance, tandis que Tartaret et Pavin, aux portes du Cézalier, témoigneront des dernières éruptions du secteur, liées à la mise en place de la chaîne des Puys. H. L.

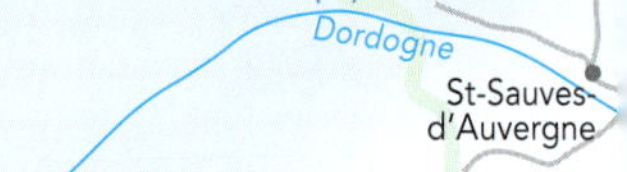

LIEUX DE DÉCOUVERTE

Coordonnées p. 140

9 Farges
Carrières d'extraction de ponces (épisode de la grande Nappe), manoir et ferme troglodytiques. Scénovision® *Les mystères de Farges*. Sentiers de découverte et visites guidées *Les balades de Farges*.

10 Grottes de Jonas
Bel ensemble d'habitations troglodytiques avec chapelle romane (fresques), dans une falaise de tufs volcaniques. Sentier de découverte avec panneaux. Visites guidées.

11 Musée du Club de géologie de La Bourboule
Formation des minéraux, des roches et des volcans (panneaux pédagogiques et 2 000 échantillons). Visites commentées, ateliers pédagogiques, sorties découvertes, sur demande.

12 Maison de la Réserve naturelle de la vallée de Chaudefour
Faune, flore et volcanisme. Espace enfants. Sorties découvertes sur demande.

13 Lac Pavin
Salle d'exposition en cours d'aménagement.

Sites avec panneaux et/ou sentiers de découverte :
20 24 25 27 28 29

La source Sainte-Anne, à l'entrée de la vallée de Chaudefour (site 25).

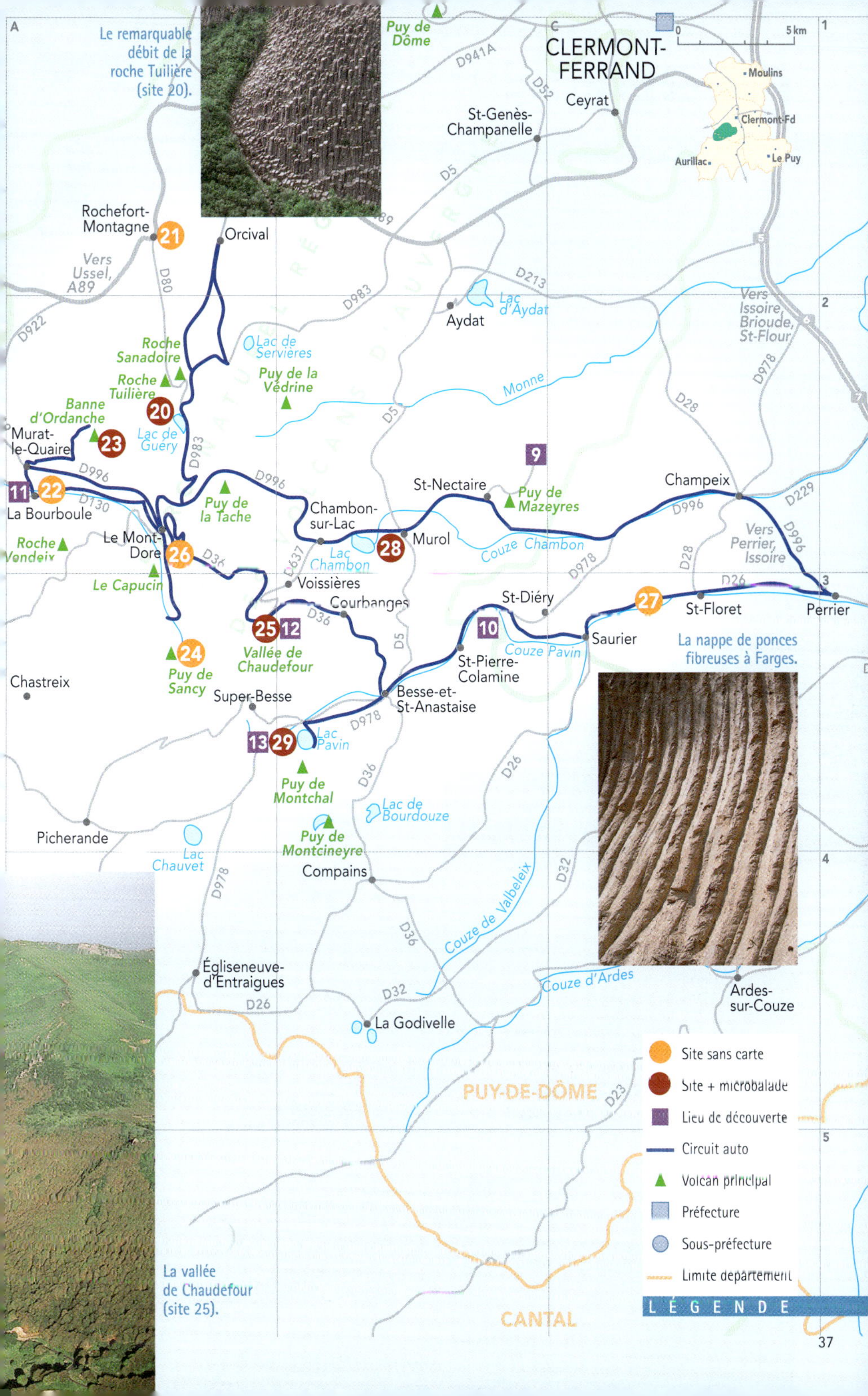

Le remarquable débit de la roche Tuilière (site 20).

La nappe de ponces fibreuses à Farges.

La vallée de Chaudefour (site 25).

Cézalier

Une longue balade pédestre sur les hautes terres basaltiques (randonnée sans routes au départ de Pradiers, par exemple) inscrira dans vos sens la prenante beauté des hautes terres centrales, aux formes molles, encore adoucies par les glaciers du Quaternaire.
Le signal du Luguet fera figure de bombement audacieux, les cascades du Saillant et des Veyrines révèleront la masse des coulées sous la couverture d'herbe des estives, trouée plus haut par le maar de La Godivelle. Puis, le Cézalier oriental morcelé en langues basaltiques redonnera un peu de hardiesse au paysage par le relief encore neuf des volcans les plus récents (Mazoires, Zanières) ou par l'empilement des coulées en inversion de relief (Charmensac). H. L.

La cascade du Saillant (site 31) pétrifiée par l'hiver. Elle est située sur le versant occidental des monts du Cézalier, très exposé aux précipitations et aux gelées, même durant les saisons intermédiaires.

La vallée de l'Alagnon vue depuis Charmensac (site 37). Elle marque à peu près la limite orientale du Cézalier. Ses affluents qui morcellent les terres de sa rive gauche ont créé un « pays coupé ». Vous y découvrirez un patrimoine architectural attachant.

La couze d'Ardes dans son parcours sur le haut plateau est un petit ruisseau contorsionné qui s'écoule lentement. En effet, les pentes sont faibles, et le sol épais, souvent tourbeux, retient l'eau des précipitations pourtant abondantes.

LIEUX DE DÉCOUVERTE

Coordonnées p. 140

13 **Lac Pavin.** Voir p. 36.

14 **Maison de la Pinatelle, Centre de découverte de la Nature et des Paysages**
Accueil (ouverture été 2003), expositions, salle pédagogique, centre de ressources multimédia et documentaire, espace muséographique sur les paysages du Cantal et du Cézalier (ouverture printemps 2004), faisant une large place à la géologie.

Site avec panneau : 34

Tourbière.

Les salers, maîtresses des estives de fin mai à début octobre.

LÉGENDE

- Site sans carte
- Site + microbalade
- Lieu de découverte
- Circuit auto
- Volcan principal
- Préfecture
- Sous-préfecture
- Limite département

Volcan du Cantal

Le cœur du volcan, abordé ici au puy Mary, grand site national, et au Griou, s'impose comme point de convergence de toutes les découvertes. Dans un édifice vaste et composite, il dégage les lignes de crêtes des dômes centraux et illustre le travail implacable des glaciers. Le pas de Cère et Saint-Paul-de-Salers, où affleurent les brèches trachyandésitiques, témoignent des destructions subies par le strato-volcan au cours même de son édification, tandis que Casteltinet rend compte des effondrements récents liés au retrait des glaciers. À Saint-Flour, Apchon, Salins et Faillitoux, il est question des premières éruptions basaltiques, alors que Carlat et plus encore Bredons nous parlent des dernières. H. L.

Le puy Griou (site 46) vu depuis le plateau d'Enjoubert, près de Saint-Jacques-des-Blats. La perfection d'une forme habillée de blancheur.

LIEUX DE DÉCOUVERTE

Coordonnées p. 140

14 Maison de la Pinatelle, Centre de découverte de la Nature et des Paysages. Voir p. 38.

15 En projet : pas de Peyrol/puy Mary
Bâtiment d'accueil et d'expositions.

16 Muséum des Volcans
Quatre salles d'exposition : *Une planète agitée, la Terre* ; *Le Cantal, une terre qui change* ; *Des volcans et des hommes* et *Le Cantal, un volcan aménagé.*

17 Géothermia
Origine, utilisation, expression de la géothermie. Circuit urbain thématique. Sources les plus chaudes d'Europe.

18 Maison de l'Aubrac

Site avec panneaux et sentier de découverte : 50
4 panneaux dont 1 consacré à la morphogéologie, en belvédère sur la cascade de la Roucolle. Dépliant de découverte disponible aux OT de Thiézac et Vic-sur-Cère.

La cascade de la Roucolle au pas de Cère (site 50).

La table basaltique de Carlat (site 48).

Le toit de lauzes de la chapelle de la Chevade, près de Murat.

Devès

ET VAL D'ALLIER

La découverte du Devès volcanique est celle des coulées basaltiques et de leurs remarquables prismations, verticales, tordues, en éventail... Elle vous conduira au bord ou en surplomb de l'Allier et de la Loire, qui égrènent sur leurs rives des bourgs au beau bâti de pierre, des abbayes ou des chapelles, des castels ruinés, des petites plages sans foule et des bases pour le canoë-kayak.

Le mont Bar, près d'Allègre (site 51). Le cratère était autrefois rempli d'un lac qui s'est asséché en tourbière.

LIEUX DE DÉCOUVERTE

Coordonnées p. 140

19 Maison du mont Bar
Exposition sur le volcan et la tourbière. Depuis la salle polyvalente, accès au sentier aménagé du site 51 (voir ci-dessous).

20 Musée Crozatier. Voir p. 44.

Sites avec panneaux et sentiers de découverte :

51 58 60 62

N° 51 : 4 panneaux dont 1 consacré à la formation du cône volcanique.
N° 58 : 7 panneaux sur les différents dynamismes éruptifs s'étant succédé sur le site.
N° 60 : 2 panneaux et 1 topoguide disponible à l'OT de Monistrol.
N° 62 : 2 sentiers : tour du lac avec 4 panneaux, dont 1 consacré à la formation du maar et 1 autre à l'étude des pollens sédimentaires, et sentier du Garou avec histoire géologique des environs immédiats du lac.

Les autres sites sont essentiellement des cônes et des maars, reliefs en bosse ou en creux du grand plateau basaltique. Vous ne manquerez pas le mont Bar et sa tourbière, et le lac du Bouchet, un grand œil bleu aux cernes forestiers. H. L.

À Prades (site 57), les gorges de l'Allier bordées de falaises de basalte.

Les colonnes prismées de Goudet (site 63). Comme la rivière qui les frôle, elles serpentent.

Bassins du Puy et de l'Emblavez

Voici une découverte placée sous le signe de l'eau. Les eaux de la Loire et de ses affluents, la Borne et la Dolaizon, ont déblayé les argiles du bassin du Puy, mettant en relief de spectaculaires chicots rocheux (Le Puy, Polignac, plateau de Cheyrac/Tressac) : ce sont des restes de volcans nés eux-mêmes sous l'eau des lacs qui occupaient la dépression.

Table d'orientation en lave émaillée au-dessus de l'éboulis de Bourrianne (site 70).

LIEUX DE DÉCOUVERTE

Coordonnées p. 140

20 Musée Crozatier
Géologie, minéralogie, paléontologie et histoire naturelle régionales.

Sites avec panneaux et sentiers de découverte :

69 **70**

N° 69 : sentier de l'Office national des forêts avec évocation du volcanisme.
N° 70 : Bourrianne, panneaux d'information et d'orientation.
Topoguide de découverte du site disponible au chalet d'accueil, à la mairie de Saint-Julien-d'Ance ou à l'OT de Craponne-sur-Arzon.

Vous apprendrez à reconnaître leur basalte altéré, avec sa croûte jaune de palagonite.

Dans l'Emblavez, les formations volcaniques dispersées par-dessus les argiles dessinent un paysage désordonné de creux et de bosses. H. L.

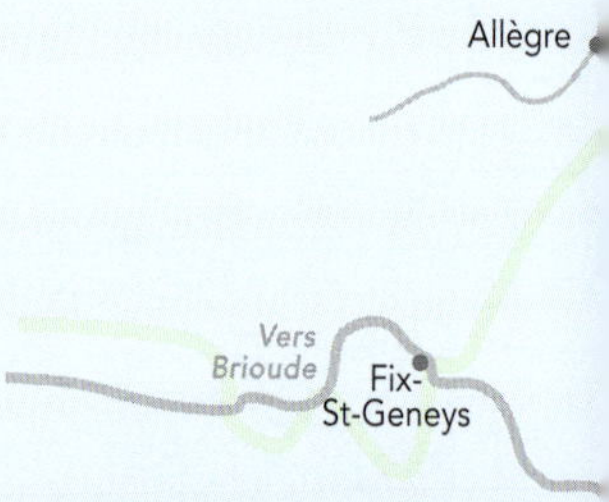

L'exceptionnelle cité du Puy (site 67) avec le rocher d'Aiguilhe couronné de la chapelle Saint-Michel, le rocher Corneille portant une Vierge colossale, la butte de la cathédrale au cloître somptueux.

Les argiles vertes du bassin du Puy.

Polychromie des brèches volcaniques dans les murs de l'église de Saint-Paulien.

Velay oriental

La Roche Pointue, l'une des dents du Diable (site 78).

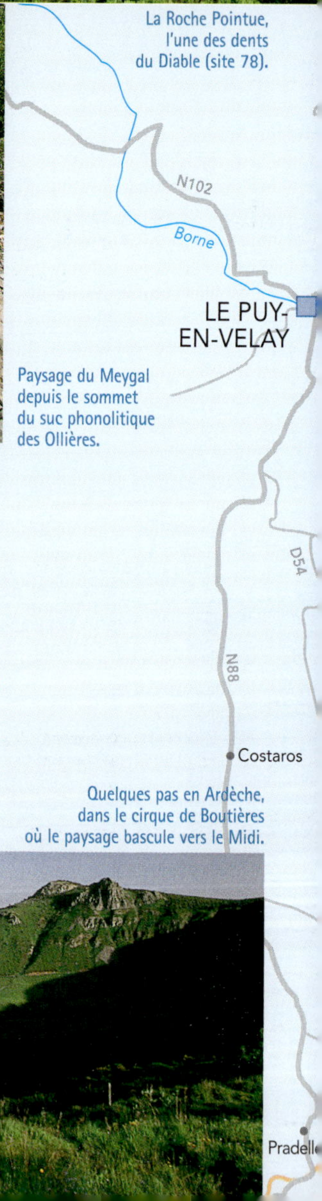

Paysage du Meygal depuis le sommet du suc phonolitique des Ollières.

Vous entrez au pays de la « pierre qui sonne », la phonolite. Elle constitue l'essentiel des sucs du Meygal et du Mézenc. Elle sonnera sous vos pieds et vos marteaux du Testavoyre au mont Mézenc et au Gerbier-de-Jonc (que nous empruntons, célébrité oblige, à l'Ardèche), dominant le paysage de ses dômes et de ses aiguilles, occasions de multiples belvédères. Nous évoquerons son extraction dans la lauzière du lac Bleu et vous la reconnaîtrez partout sur les toits des villages. Le basalte de Queyrières, les maars de Saint-Front et de Chaudeyrolles, les coulées de Saint-Clément la rendront muette le temps d'une halte. H. L.

Quelques pas en Ardèche, dans le cirque de Boutières où le paysage bascule vers le Midi.

Basalte prismé du rocher de Queyrières (site 71).

LIEUX DE DÉCOUVERTE

Coordonnées p. 140

21 Parc de « La lauzière du lac Bleu »
Parc de loisirs et de découverte sur le thème de l'architecture locale et des pierres à bâtir : parcours géologique vers les principaux sites d'extraction ; promenade commentée et jeux autour de l'habitat régional.

22 Muséum de la Terre Ardéchoise
Exposition sur la géologie régionale. Ateliers pédagogiques et visites.

Site avec sentiers de découverte :
76 2 sentiers de découverte au départ du village : sentier du maar de Chaudeyrolles et sentier du mont Signon ; 9 panneaux dont 2 consacrés aux volcans du Mézenc.

L'archipel auvergnat. À l'automne, la mer de nuages baigne les cratères de la chaîne des Puys.
Depuis le puy de Pourcharet, de gauche à droite : Lassolas, la Vache et Montjuger.

THÈMES ET BALADES

Chaîne des Puys

Carte géologique simplifiée de la chaîne des Puys.

Liste des puys numérotés

1. Chalard
2. Rochenoire
3. Verrières
4. Les Bannières
5. La Gaulie
6. Lespinasse
7. Tressoux
8. Tunisset
9. Clermont
10. Chaumont
11. Lemptégy
12. Petit Sarcoui
13. Fraisse
14. L'Aumône (petit Suchet)
15. Grand Suchet
16. Balmet
17. Filhu
18. Petit puy de Dôme
19. Petit Sault
20. Grand Sault
21. Lacroix
22. Besace
23. Salomon
24. Kilian
25. Grosmanaux
26. Montchier
27. Barme
28. La Moréno
29. Vasset
30. Pelat
31. Monteillet
32. Mey
33. Montjuger
34. Montgy
35. Vichatel
36. La Taupe
37. Charmont
38. Boursoux
39. Combegrasse
40. La Rodde

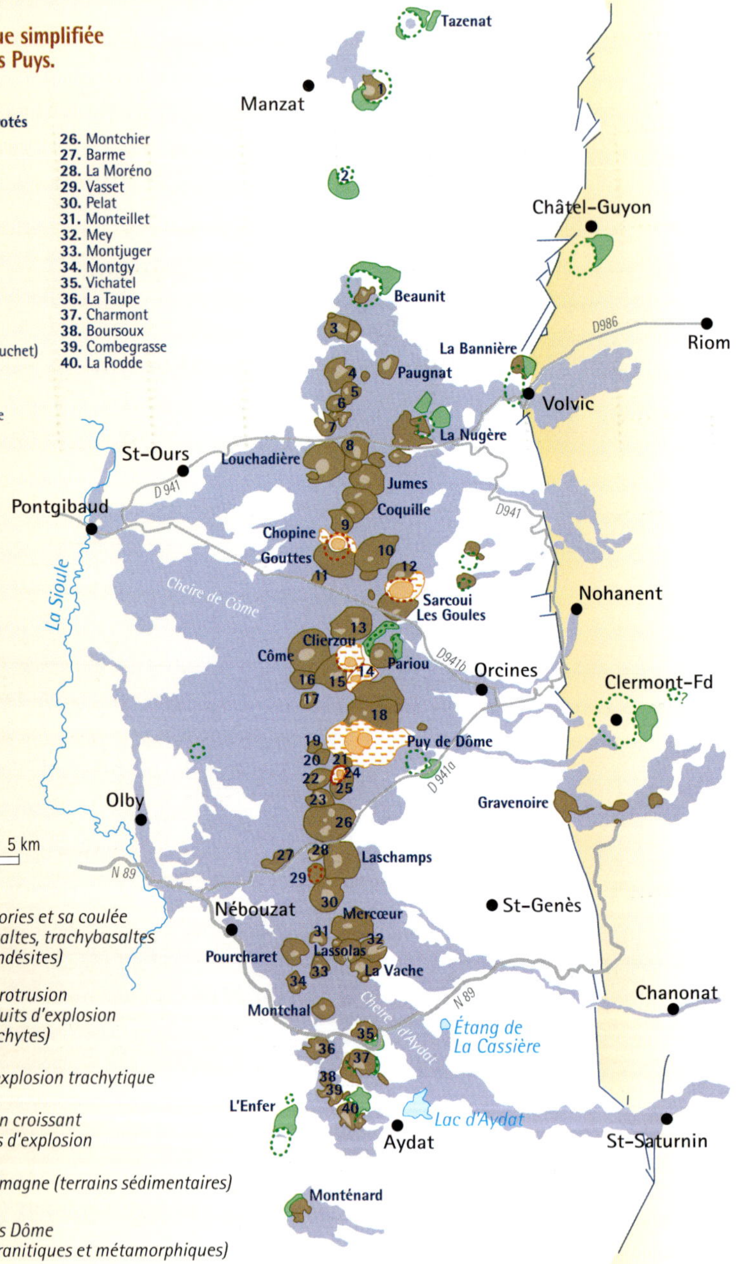

N

0 2,5 5 km

Cône de scories et sa coulée (laves : basaltes, trachybasaltes et trachyandésites)

Dôme ou protrusion et ses produits d'explosion (laves : trachytes)

Cratère d'explosion trachytique

Maar et son croissant de produits d'explosion

Fossé de Limagne (terrains sédimentaires)

Plateau des Dôme (terrains granitiques et métamorphiques)

Failles

La silhouette émoussée des quelque quatre-vingt-dix volcans de la chaîne des Puys, serrés les uns contre les autres, se découpe au-dessus du socle granitique qui barre l'horizon de Clermont-Ferrand vers l'ouest. Ce magnifique ensemble volcanique, très jeune, forme une bande de 3 à 5 km de large, allongée selon une direction nord-sud sur plus de 45 km.

Les belles morphologies des volcans de la chaîne des Puys dominent la plaine de Limagne.
Vue vers le sud-sud-est.

1. Puy de Côme
2. Grand Suchet
3. Puy de Clierzou
4. Pariou
5. Puy de Dôme
6. Petit puy de Dôme
7. Plaine de Limagne

Les volcans de la chaîne des Puys appartiennent à trois types principaux.

Cônes et coulées, dômes, maars

Les cônes de scories sont de très loin les plus nombreux. Ils sont couronnés d'un cratère souvent fort bien conservé : cratères simples (Les Goules : site 4 ; Pariou : site 5), emboîtés (Côme : site 6), multiples (Barme), égueulés (Louchadière ; la Vache et Lassolas : site 9).

Ces volcans ont émis de nombreuses coulées de lave. Vers l'est, elles ont souvent emprunté d'étroites vallées qui entaillaient le rebord du plateau granitique, avant de s'épancher en bas, dans la plaine de la Limagne : les coulées du petit puy de Dôme rejoignent la Limagne à Royat, celles de la Vache et Lassolas atteignent Saint-Saturnin (sites 9 et 10). À l'ouest de la chaîne, elles ont recouvert de grandes surfaces du socle cristallin (cheire de Côme : site 6 et Ph. p. 52). Certaines coulées atteignent 20 km de long et si elles ne dépassent du plateau que de quelques mètres à une vingtaine de mètres, elles ont cependant, en plusieurs endroits, comblé à ras bord des vallées très encaissées, profondes de plus de 150 m.

Une demi-douzaine de dômes se reconnaissent à leur sommet plat, dépourvu de cratère, et à leurs pentes assez raides. Les plus célèbres sont le dôme composite du puy de Dôme (site 7), le dôme affaissé du Sarcoui (site 4) ou celui à pentes raides du Clierzou.

Plus discrets sont les maars. Une dizaine est éparpillée sur l'ensemble de la chaîne. À l'exception du gour de Tazenat (site 1), ils sont de découverte récente et se trouvent aujourd'hui comblés : Beaunit (site 2), Espinasse (site 8).

Glossaire : cône de scories, coulée de lave, cratère, dôme, maar, monogénique.

La métropole régionale est elle-même bâtie sur l'emplacement d'un vaste maar basaltique (site 11).

Des volcans jeunes, souvent monogéniques

Ces volcans se sont presque tous formés au cours d'un cycle éruptif unique (volcans monogéniques), ce qui explique leur taille à la fois homogène et modeste pour des volcans : leur hauteur varie de 100 à 300 m, à l'exception du puy de Dôme qui domine le socle granitique de 550 m. Après chaque éruption, d'une durée de quelques semaines à quelques mois, le calme revenait dans la région. Chaque renouveau d'activité se traduisait par l'ouverture de fractures dans le socle, l'apparition et la croissance d'un nouveau volcan, avant une nouvelle phase de repos, parfois de quelques années, parfois de plusieurs milliers d'années.

Les volcans de la chaîne des Puys sont jeunes : les premiers sont apparus il y a environ 100 000 ans, mais une grande partie d'entre eux a moins de 70 000 ans. La première crise volcanique importante a mis en place 50 % des puys entre 45 000 et 30 000 ans ; la dernière a secoué la chaîne et ses prolongements méridionaux entre 13 000 et 7 000 ans. C'est durant cette période que de nombreux cônes se sont construits, alors que s'érigeaient la plupart des dômes, lente extrusion accompagnée de puissantes explosions qui ont noyé la région sous les cendres. Des éruptions sporadiques ont succédé à cet épisode violent, du Pariou aux cratères jumeaux de la Vache et de Lassolas, jusqu'aux dernières colères volcaniques que l'on ait datées. Elles ne remontent qu'à 7 000 ans, en pleine période néolithique : elles se sont produites dans le secteur du lac Pavin (site 29), sur la marge méridionale des monts Dore.

Depuis, un calme trompeur règne sur la région. Seules quelques émanations gazeuses ou thermales témoignent de la jeunesse de cet ensemble volcanique remarquable. Depuis un demi-siècle la forêt a envahi les coulées, pris d'assaut les cônes que les moutons ont désertés, assagi le paysage. Les volcanologues sont pourtant convaincus que le volcanisme ne fait que sommeiller et qu'il se réveillera dans l'avenir (p. 28-29)... F.-D. DE L.

L'alignement des Puys observé depuis le plateau des Dôme, à l'aplomb de Pontgibaud. On voit l'importance des coulées associées aux cônes de scories : bien lisible dans le paysage, la traînée boisée correspond à la cheire de Côme.

❶ Gour de Tazenat

CHARBONNIÈRES-LES-VIEILLES

L'envoûtant gour de Tazenat est un lac profond de 66 m, piégé dans un cratère de maar de 900 m de diamètre, âgé de 40 000 ans. Vous apprécierez un bain dans son eau fraîche ou une partie de pêche à l'omble.

Les berges du gour sont taillées à l'emporte-pièce dans le socle primaire, sur plus de 100 m de haut. Les projections volcaniques les cernent d'un croissant surbaissé, bien visible à l'est du lac.

Vous observerez :

- **En A : les projections phréatomagmatiques.** Elles s'empilent en couches à faible pendage vers l'est et sont constituées de basalte (lapilli, blocs, bombes en chou-fleur) et de blocs de toutes tailles, arrachés au sous-sol granitique. Le souffle des déferlantes basales a créé des strates entrecroisées et des figures d'antidunes (Fig. site 65).
- **En B : le granite du socle.** Visible dans les fortes pentes à l'intérieur du cratère, ce granite à deux micas est recoupé au sud par un large filon de microgranite formant un éperon rocheux. Le bois au sud-ouest couvre un chaos de blocs arrondis, ennoyés dans un sable (arène) témoignant de l'altération du socle du Massif central depuis son émersion.

- **En C : le panorama** (hors circuit) sur le lac et le nord de la chaîne des Puys.

Glossaire : bombe, déferlante basale, lapille, maar, phréatomagmatisme, pyroclastite.

MICROBALADE

Accès : Atlas p. 33/B1

Entre Manzat et Charbonnières-les-Vieilles, sur la D 19 : se garer aux parkings en épi du site « Gour de Tazenat ».

Boucle : 2,8 km
• 0 h 50 • 633 à 680 m
• balisage partiel bleu.

D Prendre le chemin interdit aux voitures (départ de PR)
Au bord du lac : entamer le tour par la gauche.
Sur la petite route : faire 50 m (carrière Ⓐ, 60 m plus haut).
Descendre le sentier jusqu'à la rive du lac.
Aménagé, il oscille de rocher en rocher dans la forêt, passe à la plage sud et rejoint D.

Hors circuit après Ⓐ vers le panorama (0 h 20).

Tout près : Les Desniers (moulin restauré) • Manzat (stalles de l'église) • Voir aussi au site 2.

2 Maar de Beaunit

CHARBONNIÈRES-LES-VARENNES

Ce site illustre l'évolution du dynamisme au cours d'une éruption.

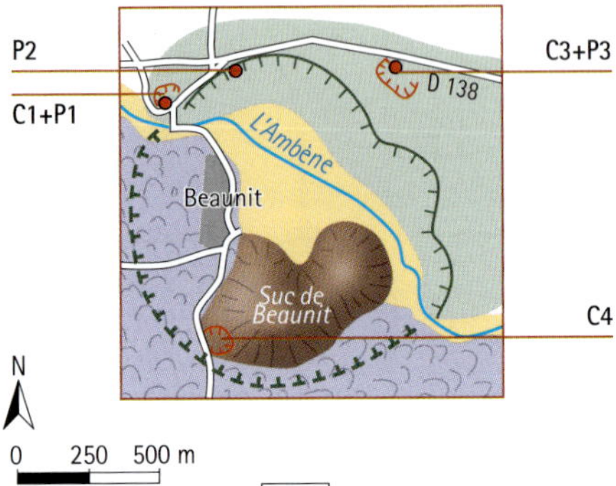

Coulée du puy Thiollet
Cône de scories
Sédiments de l'Ambène
Socle ancien
Contours du maar
Projections du maar
C Carrière
P Panneau pédagogique

• **La phase majeure**, phréatomagmatique, a ouvert un **cratère de maar** sur le trajet de l'Ambène et constitué, à l'est, un croissant de projections visibles en C1.

• **Le dynamisme a évolué** vers le type strombolien, construisant, sur le bord sud du maar (vue d'ensemble en P2, contact maar/cône en C3), un **double cône de scories** égueulé vers le nord : le suc de Beaunit. Les projections du suc riches en débris de roches de la lithosphère (visibles en C4), ainsi que la coulée du puy Thiollet et les sédiments de l'Ambène cachent en partie le maar.

Glossaire : cône de scories, cratère, lithosphère, maar, péridotite, phréatomagmatisme, strombolien.

DÉCOUVERTE

Accès : Atlas p. 33/B2

Un peu à l'extérieur du village de Beaunit, se garer au niveau de la carrière C1.

Observations aux points P et C de la carte ci-contre.

Tout près : Château de Chazeron • Manoir de Veygoux (scénomusée®) • Voir aussi aux sites 1 et 3.

3 La Nugère

VOLVIC

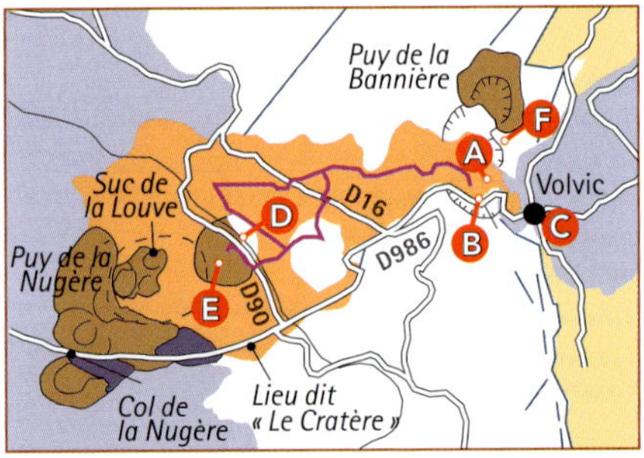

Trachyandésite de Volvic
Cônes de scories
Coulées de lave

Basalte de Volvic
Cônes de scories
Coulées de lave

Sentier pédestre
Failles
Socle granitique
Sédiments tertiaires

A Maison de la Pierre
B Espace d'information des Eaux de Volvic
C Volvic : architecture, arts de la Lave
D Volvic-Gare : ateliers de taille, sculpture, émaillage
E Coupe du volcan de la Nugère avec panneau pédagogique
F Point de vue de Notre-Dame-de-la-Garde

DÉCOUVERTE

Accès : Atlas p. 33/B2

À Volvic, se garer sur le parking de la Maison de la Pierre 1 en A.

Point de vue F : continuer la petite route et tourner deux fois à gauche ; au réservoir, monter par le sentier balisé jusqu'à la statue de Notre-Dame-de-la-Garde.

Tout près : Château de Tournoël • Volvic (OT) • Riom (OT) • Mozac (abbatiale romane).

Le puy de la Nugère est un volcan complexe, né il y a 16 000 ans ; sa formation est illustrée dans le **dépliant gratuit de l'espace d'information B** sur l'origine géologique de l'eau minérale de Volvic. **Le point de vue F** que nous proposons situe la Nugère surbaissée, **l'ancienne carrière E**, la large coulée boisée occupant le fond de vallée, Volvic installé sur une coulée antérieure, et la Limagne. L'univers de la pierre de Volvic s'appréhende par les **visites repérées sur la carte** et par la marche sous les hêtres de la cheire (**sentier d'interprétation au départ de A**) ou du puy de la Nugère (sentier de 1 h 30 au départ du col).

Glossaire : basalte, cône de scories, coulée de lave, trachyandésite.

4 Grotte du grand Sarcoui

ORCINES

Le grand Sarcoui est un dôme aplati qui voisine avec le puy des Goules, un cône de scories à cratère simple. Si leurs morphologies les différencient, leur histoire les lie intimement.

• **Il y a 31 000 ans,** apparaissent les cônes du petit Sarcoui et des Goules (scories noires du bas de cône entre A et B). Puis le petit Sarcoui émet au moins une coulée basaltique qui s'épanche au nord-est.

• **Il y a 16 000 ans,** le grand Sarcoui se forme en deux phases :

- **un cratère de maar** se découpe entre Goules et petit Sarcoui. Les ultimes dépôts des explosions phréatomagmatiques sont visibles au pied du grand Sarcoui ;

- **du magma visqueux** s'épanche en s'aplatissant sous son propre poids, formant un dôme de trachyte de 200 m de haut et 600 m de large. Roche et structure du dôme en pelures d'oignon apparaissent dans le toit de la « grotte » (Ph. p. 20). La lente croissance du dôme s'accompagne de fumerolles sulfureuses et d'écroulements à l'origine de coulées pyroclastiques de faible extension, visibles entre B et C.

Glossaire : bombe, cône des scories, coulée pyroclastique, cratère, dôme, extrusif, maar, phréatomagmatisme, trachyte.

MICROBALADE

Accès : Atlas p. 33/B3

Sur la D 941b, entre La Fontaine-du-Berger et le col des Goules : se garer sur le parking avec panneau « Information col des Goules » et panneau pédagogique du parc des Volcans.

Aller-retour : 2,5 km • 1 h 00 • 900 à 1 070 m • balisages rouge/blanc et vert (peu nets).

D Dans la partie du parking opposée à la route, un petit panneau vert d'interdiction aux véhicules à moteur matérialise le départ.

1 Au carrefour : à droite par le chemin forestier.

2 Au col : à droite, aller-retour vers la « grotte » du Sarcoui.

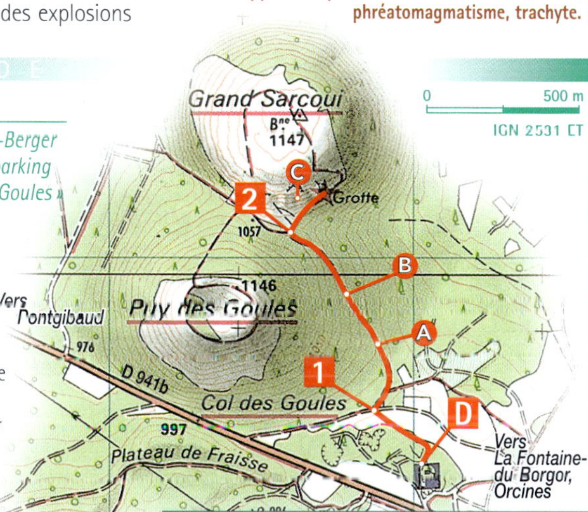

Tout près : Chopine (protrusion) amputant les Gouttes (cône de scories) • Jumes et la Coquille (deux cônes jumeaux sur une même fissure) • Sites 5 et 6.

5 Puy de Pariou

ORCINES

Âgé de 8 200 ans, le Pariou est un cône de scories presque parfait, haut de 200 m, creusé d'un cratère de 90 m. Simple d'aspect, il s'est cependant construit en quatre phases :
- **édification d'un premier cône** de scories basaltiques, dit ancien Pariou (1) ;
- **ouverture d'un maar** d'au moins 800 m de diamètre, construisant un anneau de tufs trachyandésitiques (2) ;
- **remplissage du maar par un lac de lave** qui déborde vers le sud-est (flèche), puis bifurque à l'est en deux langues épaisses. Cette lave, une trachyandésite proche de la pierre de Volvic, constitue la cheire du Pariou, visible dans les anciennes petites carrières du parking du site 4 ;
- édification, sur la lèvre ouest du maar, du cône de scories trachyandésitiques visible aujourd'hui, dit **nouveau Pariou** (3).

Glossaire : basalte, cheire, cône de scories, cratère, maar, trachyandésite, tuf.

D É C O U V E R T E

● **Accès : Atlas p. 33/B3**

Idem site 4.

⚠ L'accès pédestre au sommet du Pariou et des puys environnants (Clierzou, Goules, Sarcoui...) n'étant pas autorisé (propriétés privées), nous vous convions à l'observation de la coulée du Pariou depuis le point de stationnement du site 4.

● **Tout près : Voir aux sites 4 et 6.**

6 Cheire de Côme

SAINT-OURS-LES-ROCHES

Par sa hauteur (400 m) et son diamètre de base (1 250 m), le puy de Côme, âgé de 16 000 ans, est le plus **volumineux cône de scories** de la chaîne des Puys (Ph. p. 51). Ses **deux cratères emboîtés** indiquent une activité explosive en deux temps. Il a émis **sept coulées de basalte** dont l'empilement, intercalé de scories, atteint 70 m d'épaisseur et forme, vers l'ouest et le nord-ouest, les **cheires de Mazayes et de Côme**. Celle de Côme (Ph. p. 52) a barré temporairement la vallée de la Sioule. Le basalte veiné de celle de Mazayes habille le « cône » de Vulcania. Dans le chaos de blocs de la cheire (Ph.), des « **trous à glace** » apparaissent pendant l'été, lorsque se combinent les effets d'une forte évaporation due à la chaleur extérieure et d'une circulation profonde d'air glacé.

Glossaire : cheire, cône de scories, cratère, explosif, lapille, scorie.

D É C O U V E R T E

● **Accès : Atlas p. 33/B3**

⚠ L'accès au sommet du puy de Côme est interdit (pentes dégradées par la surfréquentation). Découvrez la cheire :
1 boucle de 3 h 00 : au rond-point de Vulcania : D 559, direction Mazayes ; après moins de 2 km, se garer dans le premier virage serré.
2 Découverte guidée des « trous à glace » : s'inscrire l'été à l'OT de Pontgibaud.

● **Tout près : Vulcania 4 • Volcan à ciel ouvert 3 • Grand-Chambois (architecture rurale en pierre de Chambois, atelier de lave émaillée) • Voir aussi aux sites 4 et 5.**

7 Puy de Dôme

ORCINES

Dominant la chaîne des Puys, puissant comme un symbole, le puy de Dôme (1 465 m) est un jeune édifice de 11 000 ans environ. De type péléen, il est formé de deux dômes de trachyte emboîtés. Il y a 8 150 ans, l'ouverture du cratère Kilian, plus au sud-ouest, l'a couvert d'une épaisse couche de projections.

1. Le premier dôme, décapité, montre des lames verticales caractéristiques de la structure « en pelures d'oignon » (voir Glossaire, Fig. 11). Elles traduisent l'écoulement laminaire au sein de l'amas de magma visqueux.
2. Le second dôme forme le mamelon sommital et porte les traces de l'aiguille écroulée.
3. Chemin des Muletiers

Glossaire : brèche, coulée pyroclastique, dôme, fumerolles, péléen, trachyte.

Formation du puy de Dôme

Fig. 1 Croissance du premier dôme

Fig. 2 Destruction du premier dôme

Fig. 3 Croissance du second dôme

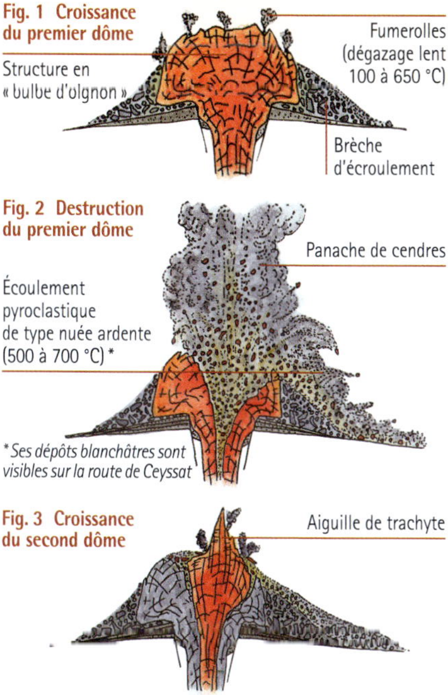

** Ses dépôts blanchâtres sont visibles sur la route de Ceyssat*

Sur le bord du chemin des Muletiers, près du sommet, les escarpements sont hérissés d'aiguilles d'une dizaine de mètres de hauteur, dues à la croissance saccadée du premier dôme. Des arrachements dans la falaise marquent le départ de petites nuées ardentes d'écroulement, aujourd'hui ravinées.

Ci-contre, dans les fractures, entre les lames rocheuses des deux dômes, des poussières et des cendres sont imprégnées de dépôts fumerollisés (soufre natif jaune, orpiment ocre, sulfates blanchâtres).

D É C O U V E R T E

Accès : Atlas p. 33/B3

À l'entrée de la route à péage du « Puy de Dôme » : à gauche jusqu'au col de Ceyssat. Se garer sur le parking face à l'auberge.

En 2 h 15, aller-retour par le sentier des Muletiers (affleurements, vues) et tour du sommet (panoramas et tables d'orientation, exposition au centre d'accueil 5, temple de Mercure...).

Tout près : Voir aux sites 4, 5, 6 • Puy de Montrodeix (orgues basaltiques) • Villars (voie romaine et menhir christianisé) • Royat (OT et site 1).

8 Narse d'Espinasse

SAULZET-LE-FROID

La narse d'Espinasse et le puy de l'Enfer résultent de deux éruptions volcaniques qui ont fonctionné simultanément, il y a environ 11 000 ans. La narse comble le cratère d'un maar (600 m x 400 m), bordé à l'est par un croissant de projections ; l'Enfer est un cône de scories mutilé.

La narse (1) recèle une flore fragile et protégée, comprenant des ligulaires de Sibérie (⚠ cueillette strictement interdite : réserve naturelle protégée), **relictes de la fin de la dernière glaciation Würm**, il y a 10 000 ans.

La carrière (2), ancien lieu d'extraction de pouzzolane à ciel ouvert, a été réaménagée. Elle montre la superposition des **projections du maar (3) et des scories du puy de l'Enfer (4)**. Lapilli scoriacés, bombes torsadées, bombes en chou-fleur riches en éclats de quartz et de granite, blocs anguleux de granite, sont à ce point mêlés qu'il est difficile de faire la part des roches magmatiques des deux éruptions (Ph. p. 32).

Glossaire : bombe, cône de scories, éruption, lapille, maar, pouzzolane, roche magmatique.

MICROBALADE

Accès : Atlas p. 33/B4

Sur la N 89, au col de Randanne : D 983, direction Le Guéry/Lac Servières. Puis à gauche, direction Espinasse. Se garer à l'entrée du village, côté D 983 (fontaine).

Boucle : 3 km • 0 h 55 • 992 à 1 040 m • balisage partiel bleu.

D Par la rue principale, traverser le village. À la sortie : à gauche par la PR bleue (vue sur le puy de Monténard). Au ruisseau : monter toujours par la PR.

1 Avant le sommet de la côte, bifurquer à gauche (vue sur la narse et l'Enfer). Au carrefour : descendre à gauche vers la narse ; passer le ruisseau.

2 Au carrefour « Narse d'Espinasse, 989 m » : à gauche, direction Les Quairas. Arrivé à l'opposé de la narse, monter le chemin.

3 En haut, au carrefour : à gauche par le large chemin jusqu'au village.

Hors circuit en 3 vers la carrière (0 h 20).

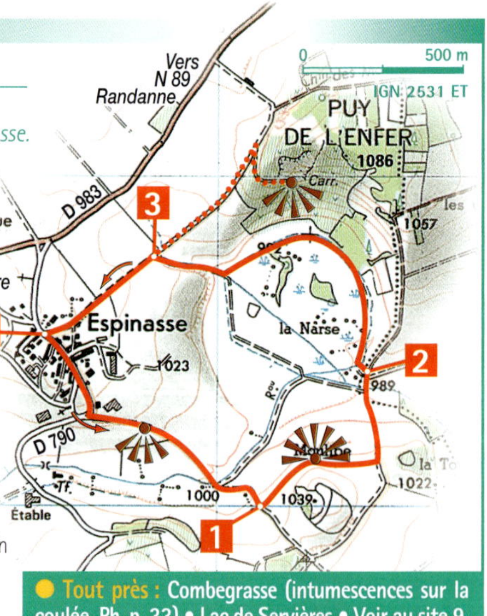

Tout près : Combegrasse (intumescences sur la coulée, Ph. p. 33) • Lac de Servières • Voir au site 9.

9 Puy de la Vache

SAINT-GENÈS-CHAMPANELLE

Les volcans égueulés de la Vache et de Lassolas et leurs coulées, dites cheire d'Aydat (site 10), permettent une approche simple du volcanisme effusif. Bombes, minéraux, végétation, panoramas font aussi l'intérêt de ce site fameux.

1. La Vache - 2. Lassolas - 3. Montjuger - 4. Vichatel
5. Lac de la Cassière - 6. Lac d'Aydat - 7. Ribbes de la cheire

Formés il y a 8 650 ans, ces **deux volcans jumeaux ont émis quatre coulées de basalte.** La plus longue (14,5 km) a atteint la Limagne, à l'actuel Saint-Amant-Tallende, en empruntant l'ancienne vallée de la Veyre.
Elle a formé un barrage naturel à l'origine des lacs de la Cassière et d'Aydat.
Vous observerez :

- **Dans la carrière A (Ph. p. 29) :**
  - des blocs et bombes de gros calibre, en bouse de vache et surtout en fuseau ;
  - des scories rougeâtres du faciès « cœur de cône » (oxydation à plus de 600 °C du fer magmatique au contact de l'air). Ce sont les restes des cratères de deux petits cônes annexes qui s'alignaient ici, au pied sud du puy de la Vache ;
  - des cendres et lapilli noirs ou gris du faciès « bas de cône » (pas d'oxydation du fer).
- **Vu depuis B ou par le hors circuit : le cratère en fer à cheval,** ouvert vers l'ouest. Au fond, des blocs scoriacés amoncelés et disjoints sont réunis en amas mamelonnés qui, de l'amont vers l'aval, s'arrangent en talus allongés ou **ribbes.** Cette surface chaotique est caractéristique d'une coulée de lave à blocs, appelée cheire en Auvergne.

Glossaire : basalte, bombe, coulée de lave, cratère, effusif, pyroclastite, scorie, strombolien.

MICROBALADE

Accès : Atlas p. 33/B4

Sur la N 89, à Randanne : direction « Parc des Volcans d'Auvergne ». 1, 7 km après le château de Montlosier : se garer sur l'aire de stationnement.

Boucle : 2,9 km • 1 h 00 • 978 à 1 167 m
• balisage : triangles et panneaux pédagogiques (P)
• ⚠ accès déconseillé au sommet de Lassolas : dégradation.

D Après la barrière, à « Sentiers de découverte » : monter à la carrière A (P3). Au fond à gauche : monter les marches, suivre le sentier.
1 À la balise (triangle jaune) : à gauche sur 50 m, puis à droite par le large chemin (P1). À la balise (triangle vert à suivre dorénavant) : à droite.
2 Monter entre les deux puys ; gagner à droite le sommet de la Vache ; suivre la lèvre du cratère sur la gauche (panorama : P2). Descendre les marches. Le chemin devient horizontal ; au premier carrefour : à droite vers la carrière et D.

Deux hors circuits dans les cratères (0 h 10 chacun)

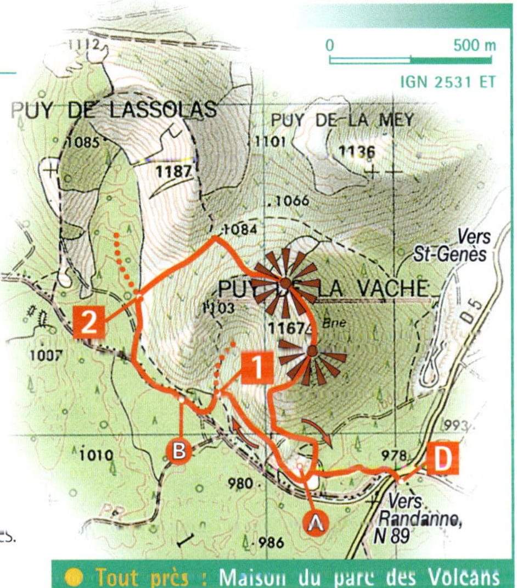

Tout près : Maison du parc des Volcans d'Auvergne 6 • Aydat (OT, baignade, base nautique) • Lac de la Cassière.

10 Cheire d'Aydat

SAINT-SATURNIN

Le beau village de Saint-Saturnin, place-forte des seigneurs de La Tour-d'Auvergne, riche d'une église romane majeure, est bâti à l'extrémité orientale de la cheire d'Aydat évoquée au site 9.

• **La coulée de basalte** (Ph.) présente une surface scoriacée où les blocs très bulleux contrastent avec le cœur plus massif et prismé verticalement. Les trous cylindriques représentent des carottages destinés à déterminer la direction du champ magnétique terrestre au moment de l'éruption. En 1970, des bois carbonisés sous la coulée ont permis, pour la première fois en France, grâce à la **méthode au carbone 14**, de dater la coulée et donc l'éruption de la Vache et Lassolas dont elle est issue. L'âge mesuré alors (7 650 ans) a été corrigé à la hausse (entre 8 650 et 8 830 ans) par la mesure de thermoluminescence et le recalibrage de la méthode au ^{14}C.

• Au-dessus d'une ancienne pisciculture, **une source est captée à la base de la coulée.** Comme d'autres captages de la cheire d'Aydat, elle peut alimenter populations, élevages de poissons, moulins à huile.

• Du petit pont sur la Veyre, voyez, dans le lit du torrent, les marnes vertes, tendres, dont le creusement souligne le début de **mise en relief de la coulée** entamé il y a plus de 8 000 ans.

Glossaire : basalte, coulée de lave, prismation.

MICROBALADE

Accès : Atlas p. 33/C4

À St-Saturnin, se garer sur la grande place de la mairie-école.

Aller-retour : 1,2 km • 0 h 25 • 520 m • balisages partiels.

D Entrer dans le vieux village en suivant le balisage « Maison du Tourisme ». Bifurquer à droite au balisage rouge/blanc. Atteindre le château. À gauche du portail : suivre « Pont de la Freydière ». À l'endroit où le chemin s'infléchit pour rejoindre le pont en contrebas : à droite ; longer le bord de la coulée et rejoindre la source du lavoir de la Freydière.

Hors circuit : prolonger cette microbalade par la découverte pédestre complète du vieux bourg.

Tout près : St-Saturnin (maison du tourisme l'été) • St-Sandoux (ancien village fortifié) • Puys de St-Sandoux et de Peyronère (orgues) • Gorges de la Monne • Château de la Batisse.

Chamina bénéficie du soutien
du Conseil Régional d'Auvergne

AUVERGNE
CONSEIL RÉGIONAL D'AUVERGNE

Limagne d'Allier

ET SES BORDURES

Loin des formes spectaculaires de la chaîne des Puys, les volcans de la Limagne d'Allier étaient fort peu connus du grand public jusqu'à ce jour. De nouvelles datations, des études sur l'origine des laves et sur les sédiments des bassins du Massif central et de ses bordures, leur donnent désormais plus d'importance.

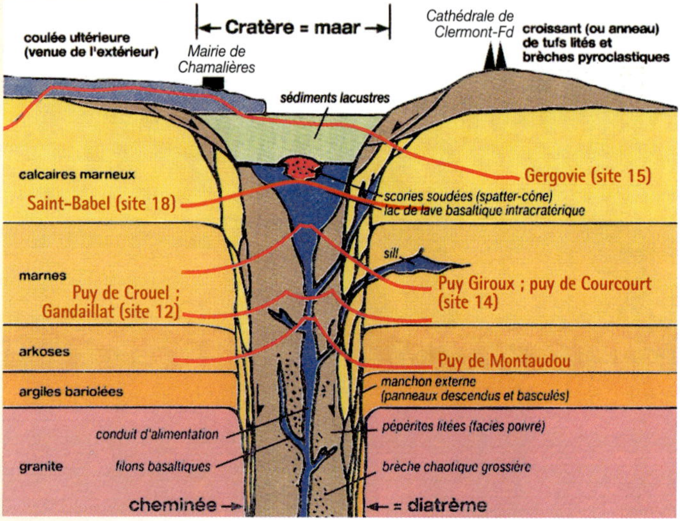

Coupe verticale d'un maar de type Clermont (160 000 ans) et comparaison des profils d'érosion de différentes buttes pépéritiques âgées de 15 à 20 Ma.

Les échelles ne sont pas respectées : les appareils de Clermont et Gergovie sont beaucoup plus vastes que les autres sites mentionnés.

La Limagne d'Allier est un bassin d'effondrement, maillon du grand rift ouest-européen (Fig. 1, p. 20). Elle s'étend depuis le Bourbonnais, au nord, jusqu'à Brassac-les-Mines au sud, puis s'oriente nord-ouest/sud-est jusqu'à Vieille-Brioude.

Elle est encadrée, à l'ouest, par les plateaux s'étendant des Dômes au Cézalier et, à l'est, par les monts du Forez. Les volcans apparaissent en Limagne comme des buttes nombreuses et dispersées, vestiges d'édifices qui ont été les premiers à se manifester immédiatement après la formation du rift et l'ouverture du bassin, il y a environ 35 Ma (âge des premiers sédiments repérés dans le fossé sous la ville de Riom[1]) : on parle d'un volcanisme post-rift, daté entre 25 et 11 Ma[2].

Deux épisodes principaux

Le volcanisme limagnais a connu deux phases principales. La première (21 à 12 Ma) correspond au volcanisme que les géologues qualifient de « génération Limagne ». Elle est essentiellement localisée dans le bassin proprement dit et dans le nord du Livradois. La seconde, qui se manifeste il y a 3 Ma, correspond aux appareils de la bordure du plateau des Dômes et de la région des Couzes. Ce second épisode est d'ailleurs contemporain des premières éruptions du massif des monts Dore.

Enfin, il faut noter que quelques édifices sont apparus tardivement dans un stade préliminaire à la chaîne des Puys (c'est le cas du maar de Clermont : site 11 et schéma ci-contre) et que le territoire de la Limagne héberge également l'extré-

(1) d'après Laurent Michon, 2000.
(2) d'après Latifa Cheguer, 1996.

mité de coulées de lave ou de débris descendues des massifs volcaniques bordiers (c'est le cas des lahars et des coulées de débris de Perrier : site 19).

Les pépérites de Limagne

Dans les sédiments lacustres gorgés d'eau, le volcanisme dispersé a produit des volcans sous-lacustres ou subaériens, à éruptions hydromagmatiques, dont les laves sont des pépérites. Les cheminées de pépérites se retrouvent aujourd'hui en relief après érosion de l'anneau de projections et de l'encaissant sédimentaire (puy de Bane : site 13 ; Courcourt : site 14 ; Crouel). Par la suite, les éruptions ont pu évoluer localement vers des formes aériennes pour produire des cônes de scories (pic de Garagnon), des coulées (pic de la Garde : site 17), des lacs de lave (Buron ; Saint-Babel : site 18). Ces laves sont restées peu différenciées.

Le cas de la Comté d'Auvergne

Dans ce petit bassin, annexe de la Limagne, globalement compris entre Saint-Yvoine, Billom, Manglieu et Issoire, le volcanisme a été synchrone de la sédimentation. Les premiers volcans sont donc nés d'éruptions hydromagmatiques (très anciens, donc très érodés, ces reliefs pépéritiques sont peu visibles dans le paysage). Mais, à la différence du reste de la Limagne, la Comté a également connu des éruptions à laves très différenciées.
Les laves qui sont arrivées les premières à la surface, vers 21 Ma, ont construit des dômes, des dômes-coulées et des coulées épaisses : le neck de phonolite de Mercurol, près de Champclos, le dôme-coulée de phonolite de Lachaux-Montgros ou la coulée épaisse de trachyphonolite de Sallèdes en sont des illustrations. Les dernières laves, de moins en moins différenciées, ont été émises lors d'éruptions hydromagmatiques, puis magmatiques aériennes, avec la construction de cônes de scories et l'émission de coulées de lave associées.

Ainsi, le volcanisme de Limagne traduit des transformations chimiques et physiques, dans des réservoirs souterrains à différentes profondeurs de la lithosphère, en système clos, par cristallisation fractionnée du magma d'origine, de nature basaltique et issu du manteau supérieur, vers des magmas de plus en plus riches en silice et éléments alcalins. Les réservoirs se sont probablement vidangés par le haut, les laves différenciées (phonolites, trachyphonolites) apparaissant les premières (21 Ma), les laves peu différenciées (basanites, basaltes) les dernières (12 Ma, puis 3 Ma). P. L.

La Limagne du sud depuis les environs de Billom :

1. Village de Tinlhat
2. Puy Montmol
3. Puy Saint-Romain
4. Puy Saint-André
5. Plateau de Gergovie (site 15)

Glossaire : cône de scories, cristallisation fractionnée, différenciation, hydromagmatique, lahar, lithosphère, maar, pépérite, réservoir magmatique, série magmatique.

11 Maar de Clermont

CLERMONT-FERRAND

Clermont est construit sur un **maar vieux de 160 000 ans.** Des travaux souterrains et les caves sous la butte de la cathédrale ont révélé des dépôts phréatomagmatiques. Entre le fond de Jaude, Galaxie, les Salins et le carrefour Europe à Chamalières, un **vaste cratère de 1 500 m de diamètre** est comblé de projections et de sédiments lacustres, suffisamment perméables pour favoriser la circulation d'eaux chaudes bicarbonatées sodiques d'origine profonde.

DÉCOUVERTE

Accès : Atlas p. 35/A1

Dans Clermont, prendre direction Limoges, puis direction Durtol par la D 941. Suivre alors les panneaux « Parc de Montjuzet ». Se garer aux grands parkings à l'entrée du parc.

Observation rapprochée de l'emplacement du maar depuis l'agréable parc urbain en belvédère sur la ville (autres points de vue dans « Tout près »).

Tout près : Clermont (OT, architecture de lave sombre de la cathédrale et de la vieille ville, église romane majeure) • Vieux Montferrand • Belvédères de Chanturgue, des côtes de Clermont et des hauts de Chamalières • Royat (OT).

À l'ouest, le cratère est en partie oblitéré par une épaisse **coulée de basalte descendue du petit puy de Dôme** (Ph. p. 35) par la vallée de la Tiretaine. Les maisons de Chamalières et de Royat y sont solidement ancrées ; sous les murs de Royat, les orgues verticales expriment le lent refroidissement de la coulée, il y a 40 000 ans.

Glossaire : basalte, coulée de lave, maar, orgues, phréatomagmatisme.

Clermont depuis les côtes de Chanturgue.

12 Grand Gandaillat

CLERMONT-FERRAND

Glossaire : basalte, diatrème, dyke, pépérite, sill.

DÉCOUVERTE

Accès : Atlas p. 35/A1-A2

⚠ Site strictement interdit au public. Nous le mentionnons pour son grand intérêt géologique qui éclaire le site 3.

Tout près : Puy de Crouel : neck résultant du déchaussement d'un diatrème pépéritique • Pont-du-Château (musée de la Batellerie) • Site 11.

Un front de taille de la carrière

1. **Faille.** Les failles témoignent de l'activité tectonique du bassin de Limagne au cours de son lent enfoncement depuis environ 22 Ma.
2. **Dépôts calcaires,** marno-calcaires et marneux correspondant au remplissage sédimentaire de la Limagne à l'Oligocène supérieur.
3. Un des **dykes de basalte pépéritique** traversant de bas en haut les sédiments. De tels dykes ou des sills témoignent d'une activité volcanique sous-lacustre. L'un des dykes se prolonge vers le sud-sud-est en direction du diatrème du puy de Bane (site 13).

13 Puy de Bane

COURNON

Le puy de Bane fait belvédère sur la Limagne. Comme le site 2, il rappelle que des lacs noyaient ce bassin d'effondrement, il y a environ 20 Ma, en montrant les relations entre pépérites sous-lacustres et dépôts sédimentaires.

• **En A :** le front de taille offre un **beau contact entre pépérites et sédiments lacustres** (Ph.). Les pépérites s'empilent en couches désordonnées : stratifications entrecroisées et ondulations à grande longueur d'onde sont, en milieu lacustre, les marqueurs de violents souffles explosifs qui font déferler sous l'eau, au ras du sol, une boue de matériaux volcaniques pulvérisés. La roche est un tuf de fins granules, pauvre en échardes vitreuses de basalte, riche en **fissures infiltrées de bitume** (en Limagne, maturation et enfouissement des matières organiques ont été insuffisants à former de « vrais pétroles » tels qu'exploités couramment ; de plus, l'eau hydrothermale, présente jusqu'aux environs de 1 500 m de profondeur, lessive ces hydrocarbures, les ramenant parfois à en surface).

• **En B :** la butte est le **vestige d'un récif calcaire** construit à partir de fourreaux de larves d'insectes. Ce calcaire à phryganes est en contact franc avec des pépérites, par l'intermédiaire d'une faille courbe : il semble être basculé. Ce basculement est interprété comme un tassement à l'intérieur d'une cheminée volcanique comblée (diatrème) et instable ; les compartiments disloqués caractérisent la **structure profonde d'un diatrème**.

• **En C :** la vue est exceptionnelle sur Cournon, la Limagne, le Sancy et la chaîne des Puys.

• **En D :** on regarde vers Lempdes et la Limagne du nord.

Dans la carrière A : 1. Pépérites - 2. Calcaires marneux

Glossaire : diatrème, pépérite, tuf.

MICROBALADE

Accès : Atlas p. 35/A2

Dans Cournon, devant l'église : suivre la rue principale jusqu'au carrefour. Se garer sur la place de la Croze.

Boucle : 3 km • 1 h 00 • 430 à 530 m • pas de balisage.

D Monter rue du Chemin-Blanc jusqu'à la carrière Ⓐ.
1 Au 1er croisement de chemins : tout droit.
2 Au 4e croisement (panneau *« Parcours de santé »*) : à droite.
3 Tout droit par le sentier jusqu'à la butte rocheuse Ⓑ. Puis revenir en 3 et descendre le large chemin jusqu'à D.

Hors circuit en 1 vers la vue Ⓒ (0 h 10).
Hors circuit après 3 vers la vue Ⓓ (0 h 15).

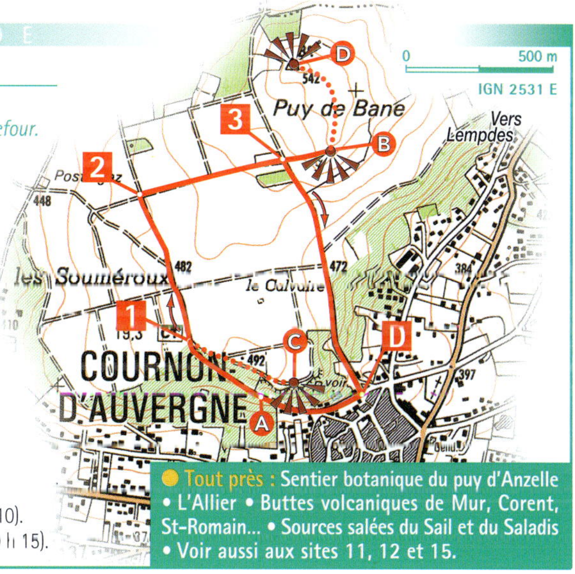

Tout près : Sentier botanique du puy d'Anzelle • L'Allier • Buttes volcaniques de Mur, Corent, St-Romain... • Sources salées du Sail et du Saladis • Voir aussi aux sites 11, 12 et 15.

14 Puy de Courcourt

SEYCHALLES

Après vignes et ombrages, la jolie butte de Courcourt (Ph. p. 34) se fait agréable belvédère sur la Limagne du sud, les buttes volcaniques du bois de la Comté et la chaîne des Puys. Les tables de lecture en lave émaillée de l'artiste-peintre Joël Barbiero font parler le paysage.

Sur le plan de la géologie, le puy de Courcourt est un **diatrème pépéritique** qui a percé les sédiments du bassin de Limagne.

• **En A :** la petite falaise d'une carrière recreusée montre de très beaux **affleurements de tufs pépéritiques**.

Les blocs de roche présentent une patine d'altération brune à orangée, marquée par la présence d'oxyde de fer secondaire. À la cassure, dans la masse compactée, vous observerez des échardes de verre volcanique (un basalte) et de nombreux éclats de roches étrangères essentiellement empruntées au sous-sol sédimentaire.

Depuis la butte, vue vers l'ouest sur le village de Beauregard-l'Évêque et, au loin, sur la chaîne des Puys.

Glossaire : basalte, diatrème, pépérite, tuf.

MICROBALADE

Accès : Atlas p. 35/B1

Dans Seychalles, en venant de la N 89 : 2e rue à droite (rue de Courcourt). Au niveau du Point propre : à gauche par la route qui monte. Se garer au cimetière.

Boucle : 3,5 km
• 1 h 10 • 330 à 463 m
• balisage partiel jaune.

D Monter par la route sur 100 m.
À la patte-d'oie : à gauche par le chemin oblique (petite grotte dans la montée) jusqu'au sommet (panorama, tables d'orientation et de lecture du paysage, moulin ruiné).
Au château d'eau : descendre le chemin qui rejoint le plateau. Au premier carrefour : à droite, puis rapidement à gauche, en quittant le balisage jaune, pour rejoindre la carrière A qu'on aperçoit. Plus bas, après le réservoir : immédiatement à gauche. Rejoindre le cimetière.

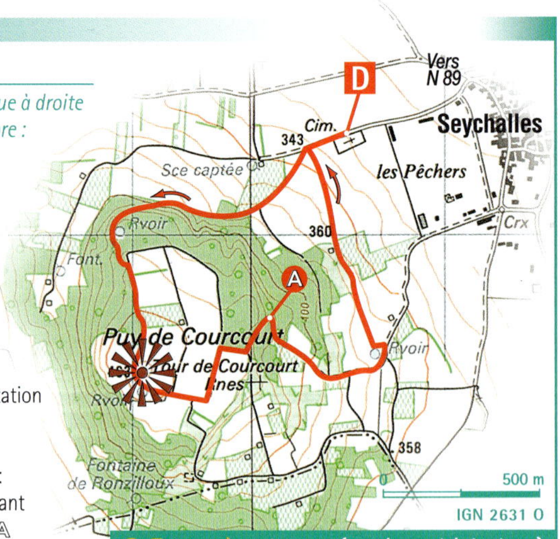

Tout près : Lezoux (musée archéologique) • Moissat-Bas (église romane) • Ravel (butte, château avec terrasse-belvédère).

15 Plateau de Gergovie

LA ROCHE-BLANCHE

Pépérites du puy Mardoux.

Ce plateau volcanique, où Vercingétorix résista à César en 52 avant J.-C., est un remarquable belvédère sur la Limagne et la chaîne des Puys. Après la découverte paysagère et la visite de la Maison de Gergovie (dessins sur l'évolution géologique et morphologique du plateau), entamez les observations de terrain.

1. Plateau de Gergovie - 2. Rebord de la coulée sommitale - 3. Bassin de Limagne - 4. Chaîne des Puys

Aujourd'hui en inversion de relief, le plateau fut actif de 23 à 3 Ma. Voici quelques formations de sa géologie complexe :

- **En A : la partie supérieure d'un sill de basalte** altéré en boules.
- **En B**, au sommet du front de taille de la petite carrière : des couches de tufs et de **brèches pépéritiques** pendant vers l'est puis l'ouest, reposant sur des bancs de **marnes calcaires** inclinés vers le sud et fissurés.
- **En C : des tufs** à stratifications entrecroisées, traversés par des filons de basalte (sills et dykes) plus ou moins disloqués, en liaison avec des brèches pépéritiques.

B et C montrent les vestiges de la cheminée (diatrème), déblayée par l'érosion, d'un **maar** basaltique antérieur constituant le puy Mardoux.

- **En D : la coulée de basalte** prismée, épaisse de 3 à 5 m, qui forme le sommet du plateau. Elle a été émise par un cône dont on découvre les scories rouges à l'extrémité sud-ouest du plateau.

Glossaire : basalte, brèche, cône de scories, coulée de lave, diatrème, dyke, maar, pépérite, prismation, scorie, sill, tuf.

MICROBALADE

Accès : Atlas p. 35/A2

De l'A 75 (sortie 4) ou du rond-point d'Opme : suivre « Plateau de Gergovie ». Se garer sur le parking près du monument.

Boucle : 3 km • 1 h 10 • 580 à 720 m
• balisages partiels : flèches jaunes du sentier de découverte, peinture jaune d'une PR.

D Sous la Maison de Gergovie, au panneau pédagogique, descendre vers le sud. Au 1er croisement : descendre à gauche ; au 2e, tout droit, et au 3e, à droite, entre les 1res maisons de Gergovie. Après 50 m, prendre à gauche (3 fois) dans le haut du village. Le quitter par un chemin montant à gauche qu'on suit sur 1 km. Tourner à gauche par les escaliers aménagés dans les tufs C. Au portillon-chicane, prendre à gauche sur 600 m par le chemin horizontal, puis remonter à droite par le chemin de l'aller ou par la variante vers la coulée D (⚠ pente très raide). **Hors circuit en D** vers une vue sur le bassin de Clermont (0 h 15).

Tout près : Villages vignerons d'Aubière (musée de la Vigne) et de Corent • La Roche-Blanche (OT) • Châteaux d'Opme et de la Batisse • Montagne de la Serre : coulée de 3 Ma.

16 Pic d'Usson

USSON

Le village d'Usson, où s'est écrite une page de l'histoire d'Auvergne, accroche sa chapelle et son château fortifié à une butte volcanique en relief (Ph. p. 34). Il s'agit d'un **neck** dont vous apprécierez la très belle **prismation** élancée et courbe.
Comme l'évoquait Faujas de Saint-Fond pour les orgues d'Espaly en Haute-Loire, les prismes à section hexagonale semblent des mines de crayon ; leur courbure marque ici le refroidissement d'un **ancien lac de lave** dans le fond d'un cratère (Fig. site 18). Les projections du volcan qui l'entouraient, probablement un cône, ont aujourd'hui disparu à la faveur de l'érosion. La roche est un basalte gris bleuté dont la pâte vitreuse montre de beaux cristaux d'olivine verte et de pyroxène noir à reflets bleutés.

Glossaire : basalte, cône de scories, cratère, neck, prismation.

DÉCOUVERTE

Accès : Atlas p. 35/B4

À Usson, se garer à l'entrée du village.

D Monter dans le village en suivant le balisage « Salamandre » :
1 point de vue du sommet (3 tables d'orientation) ;
2 observation des orgues à 150 m de l'église (panneau).

Tout près : Usson (village et sentier thématique de la reine Margot, atelier d'émaillage sur lave Lienhart) • Sauxillanges (vestiges d'une abbaye bénédictine) • Issoire (OT, St-Austremoine : abbatiale romane majeure) • Parentignat (château) • Mailhat et Bansat (églises romanes) • Nonette (panorama).

17 Pic de la Garde

SAINT-JEAN-DES-OLLIÈRES

Le pic de la Garde est un ancien volcan du Bas-Livradois, formé au sud du petit bassin sédimentaire reliant Saint-Jean-des-Ollières à Sugères. De ce vieux cône de scories strombolien dégagé par l'érosion, ne subsistent que les vestiges d'un culot de cratère en relief (**neck**) et des **coulées de lave**, exploitées par une carrière de granulats. La roche est un basalte gris sombre à petits cristaux d'olivine.

DÉCOUVERTE

Accès : Atlas p. 35/C3

Traverser St-Jean-des-Ollières par la D 253, direction Brousse, puis tourner à droite, direction La Garde. Se garer dans le hameau.

Accès au sommet du pic pour un panorama et l'observation de la prismation, en continuant par la petite route sur 400 m, puis en prenant le sentier de gauche à l'embranchement du réservoir d'eau (0 h 45).

Tout près : Manglieu (une des plus anciennes abbatiales d'Auvergne) • St-Dier (église romane fortifiée) • Mauzun (château féodal).

Les orgues au sommet du pic de la Garde. En contrebas, la carrière active de Bussiol. À l'horizon, le puy de grand Raymond.

Au sommet, la **belle prismation** d'orgues allongées à section hexagonale dessine au sol une structure en nid d'abeilles. Sur le pourtour de la butte, la roche est fragmentée en un talus éboulis évoluant, dans la pente, en colluvions.

Glossaire : basalte, cône de scories, coulée de lave, cratère, neck, prismation, strombolien.

18 Neck de Saint-Babel

SAINT-BABEL

Au sud du bois de la Comté, dans une campagne paisible, la butte fortifiée de Saint-Babel constitue une belle illustration de diatrème pépéritique accompagné d'un lac de lave.

Les talus du chemin révèlent les dépôts volcaniques : ce sont des brèches et des tufs de pépérites, dont les fragments de lave vitreuse et esquilleuse sont faits de basalte alcalin. Les roches arrachées par les **explosions hydromagmatiques** sont essentiellement issues des formations marneuses et calcaires, ainsi que du socle primaire sous-jacent.

Au sommet, de belles orgues basaltiques en éventail (Ph.) marquent la présence d'un magnifique **lac de lave** solidifié. Sa masse résistante à l'érosion protège les dépôts hydromagmatiques sous-jacents, faisant de cette butte un bel exemple de **neck** volcanique. Le **panorama** est remarquable, tant sur le versant méridional du bois de la Comté (La Côte, le grand Raymond et le petit Raymond) que vers les massifs des monts Dore, du Sancy et du Cézalier à l'ouest et au sud-ouest.

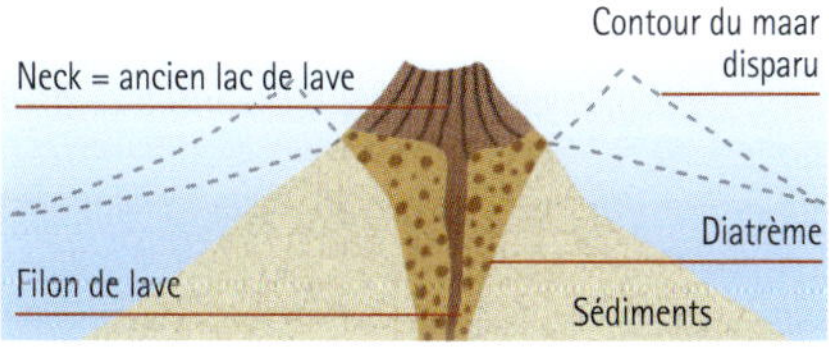

Glossaire : alcalin, basalte, brèche, diatrème, hydromagmatisme, neck, orgues, pépérite, tuf.

MICROBALADE

Accès : Atlas p. 35/B3

À Issoire (A 75, sortie 12) : D 9, direction Orbeil. Après le pont sur l'Allier : D 14 à gauche, direction St-Babel. Dans le village, au carrefour de la fontaine : à droite. Se garer sans gêner dans la rue signalée par « Table d'orientation ».

Aller-retour : 0,6 km
• 0 h 15 • 560 à 610 m
• pas de balisage.

D Monter la rue qui se transforme en un beau chemin jusqu'au sommet (affleurement et panorama : voir texte ; table d'orientation, croix, tour, bancs).

Tout près : Buron (panorama, chateau, église) • St-Yvoine (église romane sur un éperon dominant les gorges de l'Allier) • Voir aussi aux sites 16 et 17.

19 Plateau de Perrier

PERRIER

Le plateau de Perrier est un site original aménagé (panneaux pédagogiques, caves, tour, exposition). Dégagé par l'érosion, cette butte volcanique en inversion de relief montre un flanc sud creusé de cavités troglodytiques (Ph. p. 28).

Entre 2 Ma et 400 000 ans, ce plateau s'est construit par **amoncellement de coulées et d'avalanches de débris** issues de la destruction des strato-volcans de l'Aiguiller et du Sancy (p. 37), situés 30 km à l'ouest. Elles ont charrié des basaltes (galets, blocs prismés, scories) ; des trachyandésites issues de coulées épaisses et de dômes ; des trachytes (fragments de ponces, de bombes en croûte de pain...) issus de dépôts de retombées pliniennes ou de nuées ardentes ; des rhyolites (fragments de ponces fibreuses de la Grande Nappe : p. 36 et site 20) ; des blocs de phonolite issus de la destruction d'anciens dômes ou aiguilles du massif de l'Aiguiller ; des roches du soubassement primaire du massif des monts Dore.

Affleurement au-dessus de la « maison Peny ».

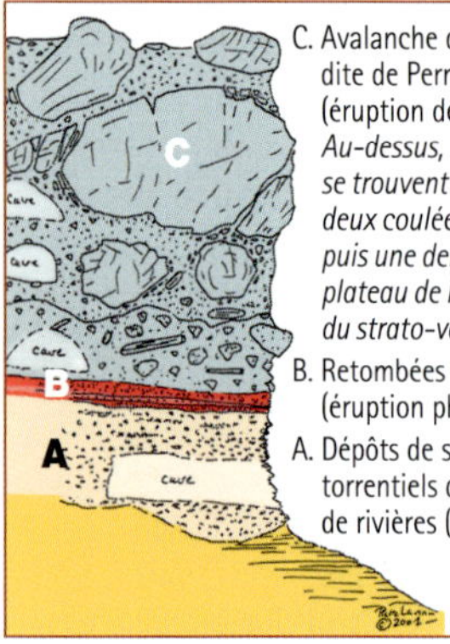

C. Avalanche de débris à mégablocs, dite de Perrier, issue de l'Aiguiller (éruption de type Saint-Helens). *Au-dessus, non représentées ici, se trouvent encore au moins deux coulées de débris, puis une dernière qui chapeaute le plateau de Perrier et qui provient du strato-volcan du Sancy.*
B. Retombées trachytiques (éruption phréato-plinienne).
A. Dépôts de sables et galets torrentiels d'anciens lits de rivières (2 Ma).

Glossaire : avalanche de débris, basalte, bombe, coulée pyroclastique, dôme, nuée ardente, phonolite, plinien, ponce, protrusion, rhyolite, Saint-Helens, scorie, strato-volcan, trachyandésite, trachyte.

MICROBALADE

Accès : Atlas p. 35/A4

À Issoire : D 996, direction Besse/Champeix.
Dans Perrier : se garer place de l'Église.

Aller-retour : 2,8 km • 0 h 55 • 430 à 580 m • balisages jaune et blanc/vert • ⚠ falaises.

D Traverser prudemment la route ; remonter la rue et le chemin balisé des grottes. Après le panneau de présentation du site : à gauche par le chemin blanc/vert, qui décrit un lacet devant la maison de l'Association de Sauvegarde et de Protection de Perrier (exposition). Un peu plus haut, au-dessus de la « maison Peny » (pancarte n° 17) : affleurement (Ph.). Poursuivre sur le sentier balisé (mégablocs) jusqu'au plateau (belle vue : Issoire, puy d'Ysson, vallée de la couze Pavin, Sancy).

Hors circuit : poursuivre le parcours numéroté pour découvrir la totalité du site.

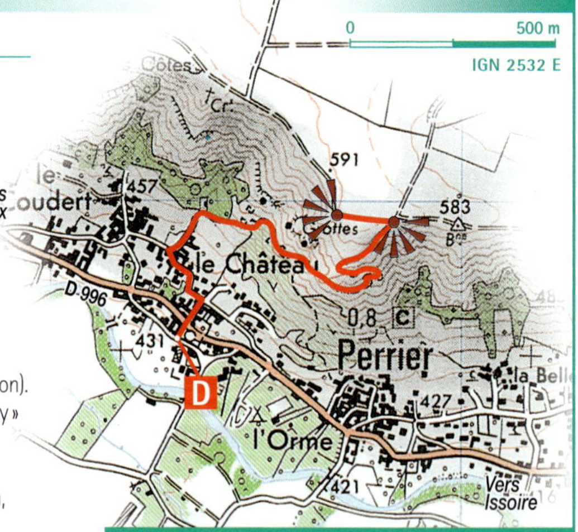

Tout près : Pic d'Ysson (panorama sur le pays des couzes) • Champeix (OT, Marchidial, église, menhir) • Voir aussi aux sites 16 et 27.

VENEZ DÉCOUVRIR NOTRE TERRITOIRE SITUÉ AU CŒUR DE L'AUVERGNE

De la Chaîne des Puys
aux Monts du Cantal,
des Monts Dore à l'Artense
en passant par le Cézalier,
le Parc Naturel Régional
des Volcans d'Auvergne est riche
d'un patrimoine naturel
et culturel unique au monde.
Le Parc vous invite à venir
le découvrir à travers ses
maisons thématiques, son
exposition « Des Volcans et
des hommes », ses sentiers
de découverte et
ses sorties nature.

Renseignements :
Château de Montlosier
63970 AYDAT
Tél. 04 73 65 64 00
Fax 04 73 65 66 78

PARC NATUREL RÉGIONAL DES VOLCANS AUVERGNE

Parc des Volcans d'Auvergne

Monts Dore

Le massif des monts Dore est un strato-volcan de 600 km².
En 1919, P. Glangeaud le divise en quatre entités : le groupe de la banne d'Ordanche (devenu massif du Mont-Dore), le groupe de l'Aiguiller, le groupe Adventif et le groupe du Sancy. De 1960 à 1978, l'équipe de R. Brousse caractérise quelques-unes de ses roches : ordanchite, doréite et sancyite. À partir de 1980, le BRGM et l'université de Clermont conduisent de nombreux travaux sur sa structure et sa volcanologie.

Carte géologique simplifiée des monts Dore.

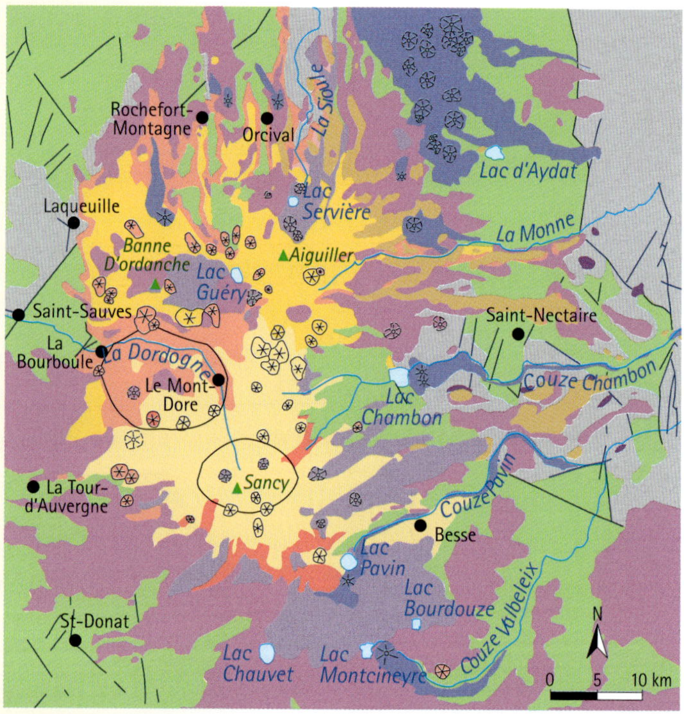

- *Socle (roches granitiques et métamorphiques)*
- *Sédiments oligocènes*
- *Basaltes anciens*
- *Coulées de boue et de débris (lahars) : Mont-Dore et Sancy*
- *Volcanisme associé à la chaîne des Puys*
- *Caldeira et failles*
- *Cônes de scories*
- *Dômes et protrusions*

Massif du Mont-Dore

- *Roches basaltiques*
- *Trachyandésites et pyroclastites associées*
- *Rhyolites, trachytes, phonolites et pyroclastites associées*

Massif du Sancy

- *Roches basaltiques*
- *Trachyandésites et pyroclastites associées*
- *Trachytes et pyroclastites associées*

Les monts Dore : vue vers le sud depuis la vallée de Fontsalade jusqu'au massif du Sancy.

1. Vallée glaciaire de Fontsalade
2. Lac de Guéry (site 20)
3. Roche Sanadoire (site 20)
4. Roche Tuilière (site 20)
5. Massif adventif
6. Massif du Sancy
7. Puy de Sancy (site 24)
8. Haute vallée de la Dordogne

Plusieurs événements majeurs marquent l'histoire géologique des monts Dore.

Strato-volcan du Mont-Dore

Après des premières éruptions dispersées, donnant naissance, entre 5 et 3 Ma, à des cônes de scories et des coulées de basalte, ainsi qu'à quelques aiguilles (protrusions), se produit, il y a 3 Ma, une gigantesque éruption.

Cette éruption cataclysmale libère plus de 9 km^3 de magma sous forme de coulées pyroclastiques de cendres et de ponces fibreuses de rhyolite. Elles constituent ce qu'on appelle la **Grande Nappe** car leurs dépôts sont très épais et largement étalés au nord (Rochefort-Montagne : site 21) et à l'est (Sailles, Farges **9**). Le réservoir magmatique profond brusquement vidangé s'effondre lentement sur lui-même, laissant place en surface à une immense fosse elliptique de 9 km x 6 km, dite **caldeira**. Ses limites, recreusées par l'érosion, correspondent à la haute vallée de la Dordogne, entre Le Mont-Dore et La Bourboule (voir carte, Ph. p. 74 et site 22).

Le magma résiduel s'échappe sur sa bordure septentrionale par le dôme-coulée de la Gacherie (2,5 Ma), et par quelques coulées de laves fluides autour de la banne d'Ordanche (2 Ma ; site 23) et du puy Gros, formant ainsi le strato-volcan du Mont-Dore.

Strato-volcan de l'Aiguiller

À partir de 2,2 Ma, les éruptions repartent vers le nord-est, donnant naissance, en climat glaciaire, au strato-volcan de l'Aiguiller.

Des coulées pyroclastiques et des coulées de boue (lahars) moins volumineuses que celles de la Grande Nappe occupent la base du volcan (ruisseau de l'Enfer). Sous la glace, se forment des cônes de débris vitrifiés (hyaloclastites), des protrusions (Sanadoire : site 20, puy Cordé, Trioulérou) et des dômes (Tuilière : site 20, Ouïre, Baladou). Les principales roches émises sont des phonolites, trachyphonolites, ordanchites et trachyandésites. Vers 2 Ma, pour une raison encore inconnue, le strato-volcan s'effondre en grande partie vers l'est et le sud-est, produisant une gigantesque avalanche de débris et des lahars (Perrier : site 19, Farges **9**). L'activité se poursuit jusqu'à 1,8 Ma.

Glossaire : caldeira, coulée pyroclastique, différenciation, dôme, lahar, protrusion, réservoir magmatique, Saint-Helens, série magmatique, strato-volcan.

Ville du Mont-Dore dans la haute vallée de la Dordogne. En pointillé, le rebord approximatif, car non visible, de la caldeira de Haute-Dordogne.

Strato-volcan du Sancy

Après un repos de 600 000 ans, les éruptions reprennent plus au sud. Le strato-volcan du Sancy commence à se construire par des émissions de basalte, il y a 1,2 Ma.

Trois petits édifices sont superposés, associés à des coulées pyroclastiques de cendres et ponces de trachyte, émises il y a 800 000 ans (Rioubes-Haut) et 600 000 ans (Neschers). Les dépôts d'avalanche de débris découverts entre la vallée de Chaudefour, Le Cheix, Saint-Diéry et Saillant, indiqueraient un effondrement partiel vers l'est du strato-volcan à la suite d'une éruption de type Saint-Helens, il y a environ 600 000 ans.

Les crêtes et les flancs du Sancy actuel (site 24) sont le résultat de la formation, entre 450 000 et 220 000 ans, d'une cinquantaine d'édifices volcaniques postérieurs à la caldeira d'avalanche. Les roches sont différenciées et hétérogènes (grande Cascade : site 26), car à chaque éruption correspond un réservoir magmatique superficiel.

Massif Adventif

Le massif Adventif, qui se construit entre les cols de la croix Saint-Robert et de la croix Morand, est contemporain de la formation du dernier petit strato-volcan du Sancy. Ses éruptions obéissent au même schéma : à partir d'une source, il y a différenciation et mélange de magmas qui génère des maars, puis des dômes, dômes-coulées et/ou aiguilles, puis des cônes de scories et des coulées. P. L.

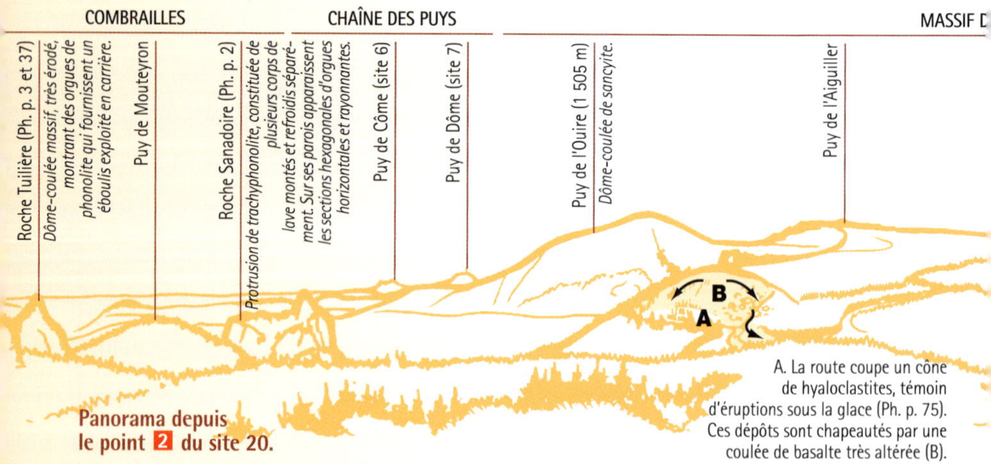

A. La route coupe un cône de hyaloclastites, témoin d'éruptions sous la glace (Ph. p. 75). Ces dépôts sont chapeautés par une coulée de basalte très altérée (B).

Panorama depuis le point 2 du site 20.

⓴ Guéry, Tuilière et Sanadoire

ROCHEFORT-MONTAGNE

Ce sentier à triple intérêt géologique, paysager et floristique évolue dans le massif de l'Aiguiller, présenté p. 37. Les panoramas du col de Guéry et du point 2 dévoilent ses principaux reliefs et les situent dans l'ensemble des monts Dore. Différents dépôts volcaniques sous-glaciaires sont visibles dans les ravins (en A et B).

Glossaire : basalte, coulée de lave, dôme, hyaloclastite, orgues, phonolite, protrusion, sancyite.

Affleurement en A : 1. Basalte visible aussi en B - 2. Hyaloclastites.

MICROBALADE

Accès : Atlas p. 37/A2

Par la D 80 ou la D 983, gagner le col de Guéry. Se garer sur le grand parking (panneau pédagogique et vue exceptionnelle sur les roches Tuilière et Sanadoire).

Boucle : 2,5 km • 0 h 50 • 1 245 à 1 320 m • balisage rouge du circuit de découverte n° 2.

D De la maison des Fleurs, suivre le sentier n° 2. À la cabane de péage pour le ski de fond, descendre dans la pente vers le lac. Rester sur le sentier à pontons et rejoindre le petit belvédère surplombant la cascade **1**. Passer une zone humide en longeant le ruisseau et bifurquer à droite dans la plantation d'épicéas. Couper deux pistes.
2 Rejoindre le point de vue (Fig.) à 50 m. Revenir en 2 et descendre un sentier vers la piste. La suivre à droite jusqu'en D.

Tout près : Lac de Guéry (pêche sous la glace) • Maison des Fleurs (exposition, jardin botanique estival) • Site 23 par le GR 41.

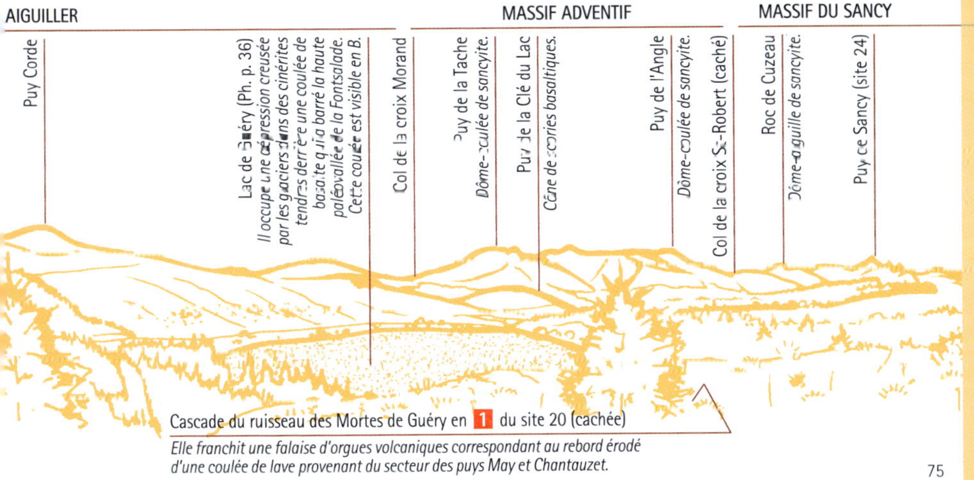

Cascade du ruisseau des Mortes de Guéry en 1 du site 20 (cachée)

Elle franchit une falaise d'orgues volcaniques correspondant au rebord érodé d'une coulée de lave provenant du secteur des puys May et Chantauzet.

21 Carrière de Rochefort

ROCHEFORT-MONTAGNE

L'éruption paroxysmale des monts Dore, il y a 3 Ma, a émis des coulées pyroclastiques de cendres et de ponces rhyolitiques. dites **Grande Nappe** (p. 73).

Ces dépôts, épais de 50 m, sont exploités dans les carrières de Farges (Ph. p. 37) et de Rochefort (Ph. ci-contre). La matrice blanchâtre et compacte est constituée de nombreux débris de minéraux issus du magma rhyolitique (quartz, feldspath) ; elle englobe une quantité de **pierres ponces allongées** mais émoussées, de taille centimètrique, de structure fibreuse.

Ce dépôt est exploité pour sa haute teneur en silice. Il fournit un abrasif fin pour le polissage de verres d'astronomie, et garantit le pouvoir nettoyant des poudres à récurer.

Ponce fibreuse d'environ 1 cm.

Glossaire : coulée pyroclastique, ponce, réservoir magmatique, rhyolite.

D É C O U V E R T E

Accès : Atlas p. 37/A1

Dans Rochefort : depuis le pont routier, prendre vers le nord, direction Clermont-Ferrand. Après 500 m : se garer le long de la N 89, avant le bâtiment de la DDE, à l'entrée de l'ancienne carrière (⚠ pas de parking officiel, site privé : respecter les passages).

■ En entrant dans la carrière (⚠ rester loin de la falaise) : observation du front de taille.

Tout près : Orcival (OT, basilique romane majeure) • Château de Cordès • Farges 9 (autres ponces de la Grande Nappe).

22 Faille de La Bourboule

LA BOURBOULE

L'éruption évoquée au site 21 s'est poursuivie par l'effondrement de la **caldeira de Haute-Dordogne** (texte p. 73 et Ph. p. 74), en partie comblée par les dépôts d'éruptions postérieures des massifs de la banne d'Ordanche (site 23) et du Sancy (site 24).

D É C O U V E R T E

Accès : Atlas p. 37/A2

À La Bourboule : se garer sur le parking de la gare des télécabines, vers l'office de tourisme.

■ Le miroir de faille se situe derrière les thermes de Choussy (accès toute l'année, du lundi au vendredi, 8 h/18 h ; et le samedi matin en juillet et août ; fermé le dimanche). Descendre la rue enjambant la Dordogne, jusqu'à la place Guillaume-Lacoste (panneau « *Failles et sources de La Bourboule* »). Entrer dans les bureaux de la Cie des Eaux Minérales (panneau) : ⚠ demander l'autorisation d'accès au secrétariat, au R.-de-C., puis suivre à gauche, sur 50 m, le passage entre les bâtiments.

Tout près : La Bourboule (OT, club de géologie 11, moellons de ponce des maisons anciennes du quartier thermal, roche des Fées) • Roche Vendeix et Charlannes • Cascades de la Vernière et du Plat à Barbe • Site 23 • Le Mont-Dore (OT).

Depuis 400 000 ans, la Dordogne a mis à nu une partie de sa bordure septentrionale.

Le site montre des failles le long desquelles s'est fait l'effondrement : elles mettent en contact le **granite de la roche des Fées** et le dépôt de la **Grande Nappe** (site 21).

La faille face au sud (Ph.) présente une surface fracturée : les aspérités sous vos doigts sont des crochons de rupture et des stries de frottement.

Ils sont apparus lorsque le compartiment rocheux situé plus profondément sous vos pieds s'est effondré.

Glossaire : caldeira.

23 Banne d'Ordanche

MURAT-LE-QUAIRE

La banne d'Ordanche vue du sud.

Cette promenade sur les estives, à faire par beau temps, conduit à la banne d'Ordanche, un cône de scories strombolien de 2 Ma, appartenant au strato-volcan du Mont-Dore. Sa forme résulte des altérations du gel et du dégel qui ont fourni les blocs prismés et les plaquettes des talus d'éboulis.

Après la prairie parsemée de blocs erratiques d'origine glaciaire, vous observerez :

- **En A : deux coulées de lave prismées.** Elles alternent avec des tufs (lapilli scoriacés, bombes torsadées) qui constituent leurs cheires et leurs brèches de progression. Le pendage vers le sud-ouest indique qu'elles viennent de la base de la banne d'Ordanche.

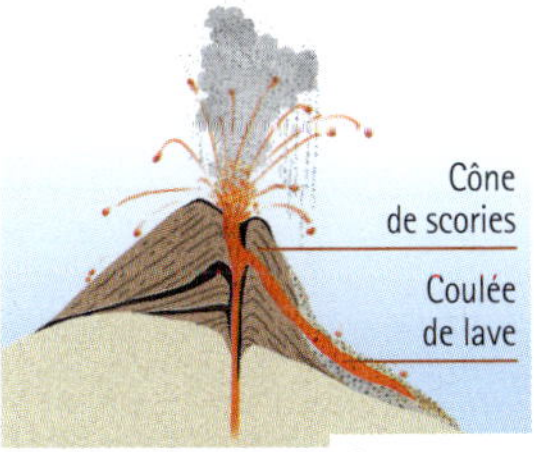

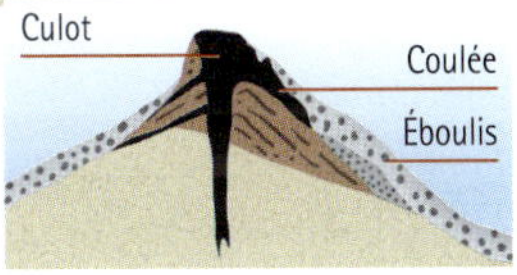

Évolution de la banne d'Ordanche en 2 Ma.

- **En B : des sections hexagonales d'orgues** de petite taille représentent le cœur de la coulée supérieure disloquée et érodée.
- **En C, sur la falaise : les prismations** verticales, puis légèrement penchées vers le sud-ouest, marquent le refroidissement du **culot de cratère** et d'une coulée de lave naissante.
- **Au sommet, le panorama** sur l'ensemble des monts Dore et la chaîne des Puys.
- En prolongeant vers l'est, hors-sentier : on distingue les scories accrochées à la base du culot de lave (lapilli, cristaux de pyroxène, bombes torsadées et en fuseau).

Glossaire : bombe, cheire, cône de scories, lapille, prismation, strato-volcan, strombolien.

MICROBALADE

Accès : Atlas p. 37/A2

À Murat-le-Quaire, au carrefour de l'église : D 609 qui passe devant le musée et monte vers les plateaux de la Banne (cul-de-sac).
Après 5 km : se garer avant l'aire réservée aux aéromodélistes.

Aller-retour : 3 km
- 1 h 00
- 1 310 à 1 512 m
- balisage jaune
- ⚠ chiens interdits ; falaises.

D Emprunter le sentier jaune qui rejoint le pylône puis grimpe en quelques marches au sommet de la Banne (table d'orientation).

Tout près : Voir aux sites 21 et 22.

24 Crêtes du Sancy

LE MONT-DORE

Le massif du Sancy est un strato-volcan éteint depuis 220 000 ans. Depuis, l'intense érosion a sculpté les sommets en crêtes (Ph.) : les roches les plus résistantes font relief, tandis que tufs et brèches, plus tendres, sont largement creusés.

Les crêtes sont marquées par deux directions de dykes :
Nord 120 et Nord 140.

1. Puy Chabanne et tour Carrée
2. Puy Redon
3. Pas de l'Âne
4. Puy de Sancy (1 886 m). Le point culminant du Massif central est un dôme-coulée de trachyandésite de 330 000 ans. Un magma visqueux est monté par la cheminée d'un ancien maar, les flancs du dôme en croissance se sont écroulés produisant des avalanches ardentes, puis la lave s'est laissé aller en coulées courtes vers l'est et l'ouest.
5. Puy Ferrand
6. Puy de la Perdrix
7. Lac Pavin (site 29)
8. Besse

DÉCOUVERTE

Accès : Atlas p. 37/A3

1 *Ascension du Sancy : au Mont-Dore, se garer sur le parking de la station de ski.*

Ascension par le sentier jaune (boucle de 3 h 45).

2 *Pour le plus beau point de vue sur les crêtes, depuis le roc de Cuzeau : au Mont-Dore : D 36, direction Besse/col de la croix St-Robert. Se garer juste avant le col, quand la route devient presque horizontale (⚠ pâtures à moutons ; chiens interdits. Parking en projet).*

Montée au roc de Cuzeau par le sentier rouge/blanc partant côté sud, en direction de la baraque des bergers (aller-retour en 1 h 30).

Tout près : Le Mont-Dore (OT) • Accès aux crêtes par les télécabines des stations du Mont-Dore et de Super-Besse • Sites 25 et 26 (autre point de vue sur les crêtes du Sancy en grimpant au-dessus de la grande Cascade (site 26) jusqu'à la falaise des Eygravats).

Quatre vallées rayonnent à partir des sommets : la Dordogne, au nord, la Fontaine Salée, à l'ouest, la Biche, au sud, et Chaudefour (site 25), au nord-est.
La dernière glaciation dite Würm a redessiné leurs profils en U.
Cela reste surtout vrai à l'aval, car depuis que le climat est tempéré et le ruissellement intense, les pentes sont creusées en V en approchant des crêtes.
D'un édifice à l'autre, les dépôts de projections et de coulées pyroclastiques sont traversés par **des dykes**, en association ou non.
Ils sont les vestiges de l'alimentation en magmas du strato-volcan et leurs directions déterminent la géométrie des crêtes du Sancy.

Glossaire : brèche, dyke, strato-volcan, tuf.

25 Vallée de Chaudefour

CHAMBON-SUR-LAC

La magnifique vallée de Chaudefour (Ph. p. 36) est une ancienne vallée glaciaire au nord-est du massif du Sancy. Elle présente vers l'amont une forme en fer à cheval, associée à des dépôts d'avalanches de débris observés du fond de la vallée jusqu'à plus de 9 km en aval (Le Cheix, Saint-Diéry et Saillant). On l'interprète comme l'une des traces morphologiques d'un écroulement de type Saint-Helens du strato-volcan du Sancy.

Glossaire : avalanche de débris, coulée pyroclastique, dôme, dyke, hyaloclastite, lahar, Saint-Helens, strato-volcan.

Crête du Coq et dent de la Rancune depuis Rondaire.

A. Vue vers l'aval sur le profil en U ouvert de la vallée glaciaire.
B. Source thermominérale Sainte-Anne (Ph. p. 36) : 10 à 22 °C ; riche en gaz (dioxyde de carbone, sulfure d'hydrogène, etc.) ; légèrement salée ; dépôts de carbonates de calcium et d'oxydes de fer marquant son captage.
C. Les dépôts volcaniques (coulées pyroclastiques, lahars, tufs hyaloclastiques, sédiments lacustres, etc.) forment l'ossature des ravines encaissées ; les formations superficielles post-glaciaires (éboulis, moraines) et récentes (sables et galets torrentiels) tapissent les flancs et le fond de la vallée.
D. Panorama de Rondaire sur le cirque, la vallée, la crête du Coq, la dent de la Rancune (Ph.).

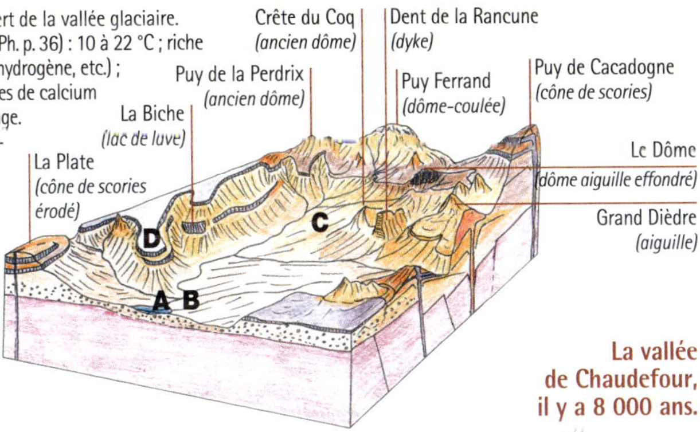

La vallée de Chaudefour, il y a 8 000 ans.

MICROBALADE

Accès : Atlas p. 37/A3

Sur la D 36 : se garer sur le parking de la maison de la Réserve naturelle de la vallée de Chaudefour (stèle).

Aller-retour : 4 km • 1 h 20
• 1 130 à 1 240 m
• balisage partiel vert (PR)
• ⚠ VTT, chiens, échantillonnage des plantes et des roches interdits.

D Passer la stèle et suivre le sentier de découverte. Après 1,5 km, juste avant le pont, voir à gauche, en 5 mn aller-retour, la source Ste-Anne **B** au bord du torrent. Reprendre le grand chemin et monter en pente douce vers le centre du cirque glaciaire.

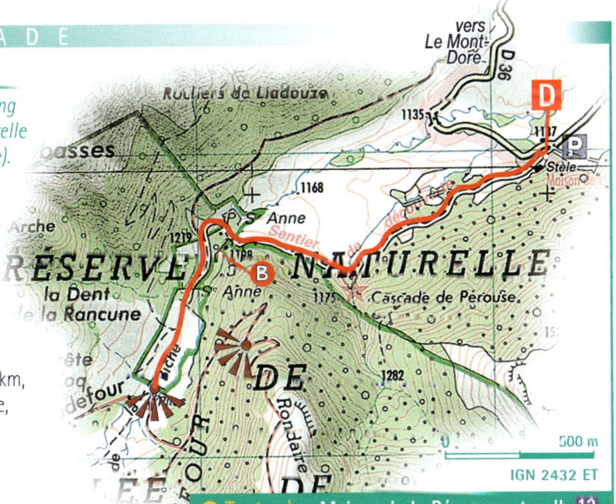

Tout près : Maison de la Réserve naturelle 12 • Site 24 • Chambon (voir au site 20).

26 Grande Cascade

LE MONT-DORE

La grande Cascade franchit une falaise d'environ 20 m, qui représente la terminaison d'une **coulée de lave** émise il y a 380 000 ans sous le dôme-aiguille de Cuzeau. Cette coulée s'est épanchée vers le nord dans une vallée antérieure et parallèle à la vallée de Haute-Dordogne.

Massive mais fissurée, la falaise laisse à son pied un amoncellement de blocs. Leur **structure intime est hétérogène** (dessin) : une trachyandésite gris sombre forme des enclaves en « doigts de gants » dans un trachyte plus clair, à grands cristaux. Cela correspond à l'introduction d'un magma moyennement différencié (trachyandésitique), très chaud (1 000 °C), dans un magma très dif-

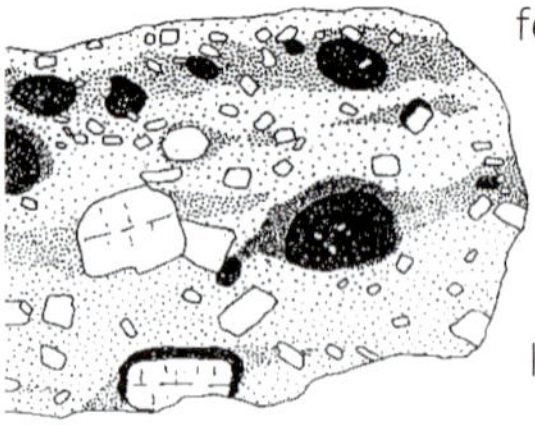

férencié (trachytique), moins chaud (900 °C). Ces **mélanges de magmas** sont très fréquents dans les monts Dore.

Glossaire : coulée de lave, différenciation, dôme, trachyandésite, trachyte.

DÉCOUVERTE

Accès : Atlas p. 37/A2

Au Mont-Dore : suivre « Office de tourisme ». Se garer sur le parking lui faisant face.

1 La cascade : par le sentier balisé en vert (panneau de départ entre les thermes et l'hôtel Métropole ; 1 h 00).
2 Vue sur la vallée : sous la cascade, passer le pont de bois, monter les marches à droite de la cascade, puis, sur le dos de la coulée, tourner à droite (0 h 15 ; ⚠ falaises).

Tout près : Le Mont-Dore (OT) • Cascades : saut du Loup, Queureuilh, Rossignolet • Parcours de crêtes balisé (puys de Mareilh, de l'Angle, de Barbier, de Monne, de la Tache) • Site 24.

27 Tête du Lion

SAINT-FLORET

La tête du Lion est une falaise de carbonates de calcium ocre jaune, semblant une large crinière. Ses cinq résurgences illustrent l'abondance des sources thermominérales carbo-gazeuses dans les monts Dore (plus de 150, dont La Bourboule, Le Mont-Dore, Saint-Nectaire ou Sainte-Anne : site 25). Ces sources sont indépendantes du volcanisme, mais leur composition chimique carbogazeuse est caractéristique des régions où rift et volcanisme alcalin sont associés. Elles proviennent d'eaux d'infiltration qui remontent le long des failles, poussées par le CO_2 issu du manteau supérieur. Les sources de la tête du Lion sont associées au même réseau de failles profondes que celles des sources d'Arvie (Volvic). Leurs dépôts dateraient d'au moins 2 000 ans.

Glossaire : alcalin, manteau terrestre.

DÉCOUVERTE

Accès : Atlas p. 37/C3

Sur la D 26, à 3,2 km de Saurier, 2,5 km de St-Floret : se garer sur l'aire aménagée côté rivière (panneau d'information sur les griffons, tables de pique-nique).

1 Observation du rocher (⚠ ne pas escalader) : par le sentier aménagé immédiatement à gauche après le pont (0 h 10). **2** Vue plus éloignée : par le petit chemin, de l'autre côté de la route.

Tout près : St-Floret (pont, donjon, salle gothique, tombes du Chastel) • Saurier (bourg fortifié, chemin des sources salées, gorges de Courgoul) • Sites de Farges 9 et Jonas 10 • Site 19.

28 Puy de Tartaret

MUROL

Cette agréable promenade ombragée sur les flancs du Tartaret conduit à un beau point de vue par-delà le lac Chambon, né du barrage naturel de la couze par les éruptions du Tartaret, il y a 16 000 ans, et du glissement en masse du flanc sud de la dent du Marais, il y a 3 000 ans.

Le Tartaret est un ensemble composé d'un **anneau de tufs** et de **trois cônes de scories.**

• **En A et B : deux cratères** apparaissent alignés, opposés et égueulés. La teinte rouge des lapilli et des rares bombes volcaniques, torsadées ou en fuseau, caractérise le faciès « cœur de cône ».

• **En C, sur la plage naturelle : les lapilli** de basalte sont noirs, chargés de fragments de granite. Ils correspondent au saupoudrage de l'éruption du Tartaret.

• **Autour de D :** vous récolterez des **pyroxènes** bien cristallisés (Fig. site 32), de 1 mm à 1 cm.

• En E (⚠ ruches) : deux tiers de couches de **tufs phréatomagmatiques,** fines, à stratification entrecroisée, sont surmontées par un tiers de couches de lapilli de basalte noirs (faciès « bas de cône »). Plus haut, le faciès bistre de « cœur de cône » indique l'emplacement du cratère du premier cône.

• **En F :** la zone inondée parsemée d'énormes blocs de brèches et de cinérites lacustres correspond à la masse glissée de l'ancien volcan de la **dent du Marais**.

• **Au retour** par la route : voyez **l'érosion** du pied du volcan grignoté par la couze.

Glossaire : bombe, brèche, cône de scories, cratère, lapille, phréatomagmatisme, tuf.

MICROBALADE

Accès : Atlas p. 37/B2

Dans Murol, suivre « Office de tourisme ». Se garer sur son grand parking.

Boucle : 3,2 km • 1 h 00 • 850 à 950 m • balisages partiels.

D Prendre la route direction Chambon. Après la maternelle : à gauche (« Volcan du Tartaret »). Au 1er croisement : à droite (« Le cratère »).

1 Au carrefour suivant : tout droit (« Sommet du Tartaret ») jusqu'au point de vue et retour en 1. Prendre à droite jusqu'à la stèle.

2 Suivre la piste à droite (« Le cratère ») toujours tout droit.

3 Accès à la carrière E en bas de la descente à gauche. Retour en 3, puis descendre jusqu'à la route qu'on prend à droite. Au carrefour : suivre « Centre-ville ». Après les toilettes publiques : monter les marches qui rejoignent le parc et le parking.

Hors circuit en 2 vers la plage C, en descendant la petite route (0 h 20).

Hors circuit au col entre 2 et 3 vers la dépression boisée du cratère nord A (0 h 10).

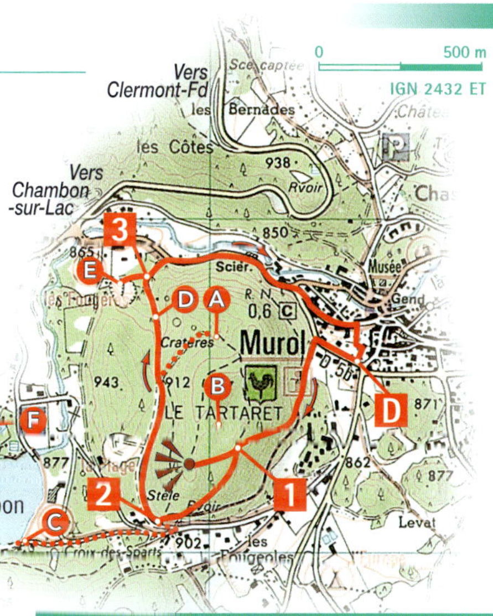

Tout près : Stèle en **2**, symbole des pierres d'Auvergne • Lac • Sentier balisé vers la dent du Marais • Chambon (église, chapelle) • Murol (OT, château féodal sur butte couronnée de basalte, spectacles médiévaux).

29 Groupe Pavin...

BESSE

Le groupe Pavin est un ensemble de quatre édifices volcaniques formés presque sans interruptions, il y a 7 000 ans*. Il rassemble donc les plus jeunes volcans de France métropolitaine. Bien qu'apparaissant à la limite des territoires des monts Dore et du Cézalier, le groupe Pavin est cependant lié au volcanisme de la chaîne des Puys.

Le groupe Pavin présenté dans la carte ci-dessous comprend :

- **les cônes de scories des puys de Montcineyre et de Montchal**, associés à des retombées de lapilli et des coulées de basalte ;
- **le cratère de maar du Pavin,** son anneau de projections et les retombées de pierres ponces trachytiques et de fragments de roches arrachées au sous-sol ;
- **le maar d'Estivadoux** en partie comblé de tourbe et recouvert par une des coulées de basalte issues du puy de Montchal.

Au sud, autour des puys de Montcineyre et de Montchal, le sous-sol des talus des chemins montre une superposition de deux unités géologiques :

- à la base, de fines couches de lapilli noirs et scoriacés, formés d'un basalte à pyroxène et olivine. Ils proviennent d'une éruption strombolienne du Montcineyre ;
- au-dessus, une couche, épaisse de 10 à 200 cm, de pierres ponces fibreuses et mousseuses, retombées du panache de l'éruption phréatomagmatique du Pavin.

* D'autres âges ont circulé pour cet ensemble volcanique daté par la méthode au carbone 14 : en 1983, la carte volcanologique de la chaîne des Puys datait l'épisode le plus récent à 3 450 BP (before present), âge obtenu sur un paléosol. En 1991, le même document indiquait que ces volcans s'étaient constitués en moins de 150 ans autour de 6 000 BP, âge mesuré sur des tourbes. Ce vieillissement de 2 550 ans ne doit pas rendre suspecte la méthode au ^{14}C en général. Ce qui est en cause dans l'erreur de datation de 1983 est le matériau utilisé, reconnu depuis cette date peu fiable ; à quoi il faut ajouter dorénavant la nécessité du « recalibrage » des résultats du ^{14}C, ce qui reporte l'âge de ces ultimes éruptions à 7 000 BP.

Lac et volcan de Montcineyre. Le lac submerge deux cratères d'un maar basaltique antérieur au cône de scories qui l'a partiellement recouvert.

... et lac Pavin

Tout cerné de bois et de légendes, le lac Pavin occupe le cratère d'un maar large de 1 km, profond de 200 m (dont 92 m sous l'eau). Âgé de 7 000 ans, il est le plus jeune volcan de France métropolitaine.

Les explosions phréatomagmatiques ont cerclé le maar du Pavin d'un **anneau de tufs** de poussières, cendres et pierres ponces trachytiques, qui contiennent de nombreux blocs étrangers de toutes tailles (quelques cm^3 à 5 m^3), arrachés au sous-sol volcanique et au socle primaire. Cette formation est visible sur les chemins du Montchal.

Vous découvrirez par ailleurs :

• **En A :** des falaises avec de volumineux éboulis. Ce sont d'anciennes **coulées de trachyandésite** en inversion de relief, probablement issues du strato-volcan du Sancy.

• **En B :** une grande falaise aux larges orgues verticales, qui descend au ras de l'eau. C'est le départ de la plus longue (12 km) des **trois coulées de basalte** émises par le cône de scories du Montchal. Sous elle, au sud, des éboulis superficiels couvrent une masse blanche, compacte et imperméable, composée de **cendres et de pierres ponces** trachytiques moussues (voir carte p. 82). Entre les deux, plusieurs sources alimentent le lac.

• **En C :** un panneau du parc des Volcans. Il commente le **panorama** sur le lac et sur le strato-volcan du Sancy (les arbres oblitèrent peu à peu ce point de vue ; les plus courageux grimperont vers celui du sommet du Montchal par le sentier balisé).

Glossaire : basalte, cône de scories, coulée de lave, maar, orgues, phréatomagmatisme, ponce, trachyandésite, trachyte, tuf.

MICROBALADE

Accès : Atlas p. 37/B3

À Besse : D 978, direction Égliseneuve-d'Entraigues. Au rond-point indiquant la station de ski : direction « Lac Pavin ». Se garer sur le parking indiqué.

Boucle : 3,5 km
- **1 h 10**
- **1 170 m à 1 240 m**
- **balisage partiel jaune.**

D Monter les 500 m de petite route jusqu'au bord du lac. Entamer le tour du lac par son bord (sens indifférent) en ignorant les chemins montants.

Tout près : Besse et Super-Besse (OT) • Chapelle de Vassivière (Vierge transhumante) • Cascades d'Anglard • Lacs Chauvet, Montcineyre, Bourdouze.

Cézalier

Le Cézalier s'inscrit dans le temps et l'espace entre les monts Dore et le Cantal. Construit principalement par des inondations basaltiques sur un plateau élevé, il apparaît comme un émouvant royaume d'herbe, au relief doux, aux creux tourbeux, où les vaches estivent de mai à octobre.

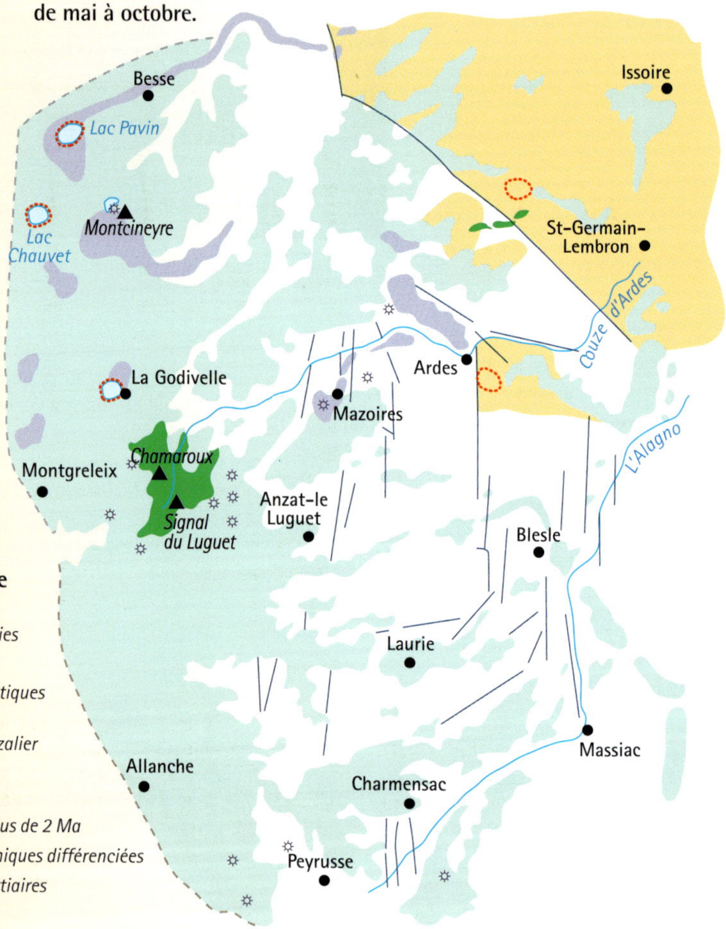

Carte schématique du volcanisme du Cézalier.

Le Cézalier se situe sur une partie des départements du Cantal et du Puy-de-Dôme, à la rencontre de plusieurs provinces volcaniques. Il s'étend sur 35 km de long et seulement 15 km de large. Ses limites exactes sont difficiles à définir aussi bien latéralement que verticalement.

Limites géographiques et formes du relief

Au nord, le Cézalier est bordé par les monts Dore et les volcans très récents du groupe du Pavin (site 29), mais certaines coulées s'échappent vers le nord-est jusque près d'Issoire. Au sud-ouest,

Les reliefs doux du Cézalier sont dus à la présence très majoritaire des basaltes fluides. Vue depuis la motte de Brion, près de La Godivelle :

1. Signal du Luguet, point culminant du plateau
2. Chabrut
3. Le Testou

la rivière Allanche longe la bordure de la planèze de Chalinargues que l'on considère généralement comme appartenant au volcan du Cantal. À l'est, de longues coulées, aujourd'hui perchées plus de 400 m au-dessus des vallées actuelles, s'avancent comme des doigts vers la plaine de Limagne, recouvrant indifféremment le socle ou les sédiments tertiaires (Ph. p. 86).

Vers le sud, les formations volcaniques, de plus en plus discontinues, se réduisent à quelques culots basaltiques (Loubarcet), accompagnés parfois de courtes coulées (Lastic) ; les plus méridionales appartiennent au Devès.

Malgré l'altitude élevée du Cézalier (le signal du Luguet culmine à 1 556 m : site 34), l'épaisseur des produits volcaniques n'est pas énorme, car le socle, fortement surélevé (horst Cézalier-Margeride), atteint en de nombreux endroits 1 200 ou 1 300 m d'altitude.

Du point de vue des formes du relief, il existe une opposition nette entre l'ouest et l'est. À l'ouest, le volcanisme est d'un seul tenant, les formes sont douces et les affleurements rocheux rares, sauf autour des anciennes cheminées d'alimentation (mont Chamaroux, puy de Mathonière) ou le long des rivières (rocher de Cuze : site 38). À l'est, au contraire, de belles et hautes falaises continues, souvent prismées, constituent des plates-formes naturelles étroites occupées depuis l'époque néolithique (site de l'oppidum Saint-Victor au-dessus de Massiac, par exemple).

Produits et morphologies volcaniques

Les produits émis par le volcanisme du Cézalier sont relativement monotones, comme dans le Devès ou en Aubrac : de très nombreux évents ont répandu des quantités de basaltes fluides durant plusieurs millions d'années.

Les tourbières

Les tourbières, très nombreuses en Auvergne, sont un élément fondamental du paysage du Cézalier. Elles ne sont pas liées à l'activité volcanique, mais elles se sont établies dans les creux peu profonds de ce plateau élevé, qu'ils soient d'origine volcanique ou glaciaire.

La conjonction froid et humidité permanente leur est en effet nécessaire. Dans leurs eaux peu minéralisées, souvent acides, la décomposition de la matière organique est quasi nulle. Les végétaux s'accumulent, se tassent et comblent le fond humide en quelques siècles. Le terme de ce lent processus est la formation de tourbe.

L'intérêt des tourbières est multiple : les conditions extrêmes qui les favorisent sélectionnent une flore et une faune exceptionnelles ; elles sont le lieu de conservation de plantes relictuelles de la dernière période glaciaire ; elles jouent un rôle important dans la régulation des cours d'eau et le stockage de réserves d'eau. H. L.

Glossaire :
cône de scories, coulée de lave, différenciation, évent, maar, neck, prismation, réservoir magmatique.

Ceci est vrai malgré la présence, près du signal du Luguet, de quelques formations volcaniques différenciées : phonolites, téphrites, trachyandésites et ponces trachytiques, peu importantes en volume. Les formes volcaniques dominantes sont toujours très douces, interrompues en périphérie par des formes d'érosion : des falaises correspondant à des coulées basaltiques empilées, souvent épaisses parce que canalisées par d'anciennes vallées, des culots rocheux (necks) plus ou moins dégagés, des cônes de scories (Montjournal : site 39) ou encore des maars (Ardes-sur-Couze, La Godivelle : site 30) issus de la rencontre entre les magmas et d'anciens lacs ou rivières.

Âge du volcanisme

L'âge du volcanisme du Cézalier, au sens strict, est intermédiaire entre celui du Cantal et celui des monts Dore.

Les premières coulées sont datées de 8 Ma (coulée du cirque d'Artout : site 34), mais la plus grande partie du volcanisme basaltique est contemporain des émissions tout aussi nombreuses de la planèze de Saint-Flour, entre 6 et 4 Ma. Ces coulées ont comblé et fossilisé le réseau hydrographique de l'époque, aussi bien au nord qu'au sud. Il n'est pas rare d'observer cinq épisodes différents, voire même sept au puy de la Rode, où les âges des coulées s'échelonnent de 5,5 à 2,7 Ma. Le petit volcan différencié du signal du Luguet s'est construit il y a 5 Ma, c'est-à-dire en même temps que les plus importantes des émissions qui ont comblé l'ancienne vallée de l'Alagnon. L'activité magmatique s'est poursuivie jusque vers 2,5 Ma. Mais le Cézalier se caractérise aussi par une activité volcanique beaucoup plus récente. Elle a consisté en des émissions de basalte vers – 2 Ma, dans la partie sud proche du Devès, et surtout en la mise en place de cônes de scories ou de maars plus abondants dans la partie nord (Ardes-sur-Couze, Mazoires : site 33, La Godivelle, Zanières : site 32, Espinchal). Ces derniers édifices, âgés seulement de 100 000 ans et peut-être moins, appartiennent en fait à la chaîne des Puys au sens large.

Laves

D'un point de vue magmatique, les laves émises par le Cézalier proviennent de la fusion partielle d'un manteau profond d'une centaine de kilomètres, tandis que les laves différenciées du signal du Luguet ont évolué dans un petit réservoir magmatique dont le fonctionnement était peu différent de ceux qui ont donné naissance au Cantal voisin. H. B.

Vers l'est, le Cézalier se disperse en coulées. Ici, la coulée de Rentières mise en relief par érosion différentielle. Au premier plan : Ardes-sur-Couze ; en 1, le volcan de Zanières : site 32.

30 Lac d'En-haut

LA GODIVELLE

Dans le vent âpre des estives, près du plus haut village du Puy-de-Dôme, le lac d'En-haut, profond de 43 m, occupe un maar parfaitement rond, témoin d'un volcanisme phréatomagmatique qui a marqué les débuts de l'activité de la chaîne des Puys, il y a 110 000 ans (grande photo p. 30-31).

Vous observerez :

• **En A,** près de la table de pique-nique : une formation litée de couleur brune à noire contenant des scories, des lapilli, des morceaux de basalte bulleux, signe d'un fort dégazage, et des blocs plus gros qui sont des bombes en croûte de pain. Il s'agit du **matériel projeté lors des explosions** répétées du maar.

• **En regardant vers B :** la forme de la colline qui borde le maar au nord-ouest : plus élevée qu'au sud, plus fortement pentée vers le lac, elle constitue une **antidune** créée par le souffle des explosions (site 65).

• **En C :** le versant nord, avec un **beau panorama sur le nord du Cézalier**, les monts Dore et, entre les deux, les plus jeunes volcans du Massif central, ceux du groupe Pavin (site 29). Ils sont reconnaissables à leurs formes très fraîches et aux bois qui les recouvrent.

Glossaire : bombe, maar, phréatomagmatisme, pyroclastite, scorie.

MICROBALADE

Accès : Atlas p. 39/A2

À La Godivelle : ne pas s'engager en voiture vers le lac d'En-haut mais se garer absolument sur la place de la fontaine abreuvoir

Aller-retour : 1 km
• 0 h 35
• 1 239 à 1 260 m
• balisage : vaches rouges
• ⚠ les terrains et autres cheminements autour du lac sont privés.

D Monter à pied la petite rue vers le lac (table de pique-nique), et continuer tout droit par la large piste rectiligne vers le panorama C (voir texte).

Tout près : La Godivelle (fontaine-abreuvoir, église, réserve naturelle des Sagnes : exposition, tourbière du lac d'En-bas • Brion (motte féodale, foirail, panneau pédagogique) • Maison des Tourbières près de St-Alyre (expositions, sentier guidé sur ponton).

31 Cascade du Saillant

MARCENAT

Au pied du hameau montagnard du Saillant, le ruisseau du Bonjon franchit en cascade une **coulée basaltique épaisse** de plus de 20 m et finement prismée. Il y a 3 Ma, elle a envahi une vallée dont l'érosion a rogné les flancs, plus tendres que le basalte (érosion différentielle).

Au printemps, d'impressionnantes masses d'eau franchissent la coulée et en sapent lentement la base, entraînant le recul du ravin (érosion régressive).

Un peu au-dessus du site, côté village, une petite carrière montre des **moraines glaciaires** localement remaniées : des cailloutis de basalte assez gros, très peu triés et pas du tout arrondis (comme ce serait le cas pour un ruisseau) sont unis par un ciment terreux peu solide.

Glossaire : coulée de lave, prismation.

D É C O U V E R T E

Accès : Atlas p. 39/A3

De Boutaresse : D 74, direction Le Saillant.
Au Saillant, au terre-plein (croix, table de pique-nique), monter la petite route qui longe le village.
Se garer sur le replat après les dernières maisons.

■ Observation de la cascade depuis le petit belvédère qui la domine.

Tout près : Col de Chamaroux (dépression glaciaire avec tourbières entre le mont Chamaroux, un des belvédères du Cézalier, et la montagne des Huides) • Le Godde (deux croix).

32 Village troglodyte de La Roche

LA CHAPELLE-MARCOUSSE

Dominant le hameau isolé, les maisons troglodytiques de La Roche sont **creusées dans des scories soudées et altérées**, de couleur jaune-brun. Elles se composent de lapilli au sein desquels sont noyés de nombreux cristaux de pyroxène, aux formes bien visibles, dont la taille avoisine 0,5 cm. Cette formation est recouverte par un basalte massif, quoique fréquemment bulleux qui représente la **base d'une coulée** : on peut le casser dans les éboulis qui se sont arrêtés en bordure de la petite route.

L'**ancienne carrière** (voir « Accès ») montre des lapilli très bien lités et calibrés (moins de 1 cm), de couleur jaune ou noire provenant du plus haut des volcans récents, le volcan de Zanières (ou de Sarran), qui domine cet ensemble au nord-est.

Sa mise en place est contemporaine de celle de Mazoires, aux environs de **100 000 ans**.

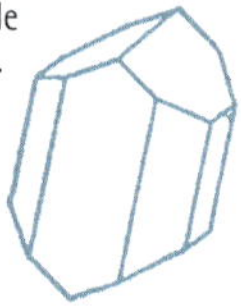

Cristal de pyroxène.

Glossaire : basalte, pyroclastite, scorie.

D É C O U V E R T E

Accès : Atlas p. 39/B2

D'Ardes-sur-Couze : D 36, direction St-Alyre, puis immédiatement : D 23, direction La Chapelle-Marcousse. Au carrefour dans la forêt : D 142 à gauche, direction Saulzet. Après 2 km (carrière) : à gauche, direction La Roche. Traverser le hameau. Se garer en bord de piste, 50 m après la fontaine.

Depuis la route : **1** observation des grottes, en revenant dans le hameau et en faisant 100 m ; **2** observation de la carrière, en continuant jusqu'au carrefour de La Roche (voir accès routier et texte).

Tout près : La Roche (linteaux de brèche) • Maison des Tourbières (voir au site 30) • Vallée de Rentières • Ruines du château de Mercœur • Ardes-sur-Couze (OT).

㉝ Volcan de Mazoires

MAZOIRES

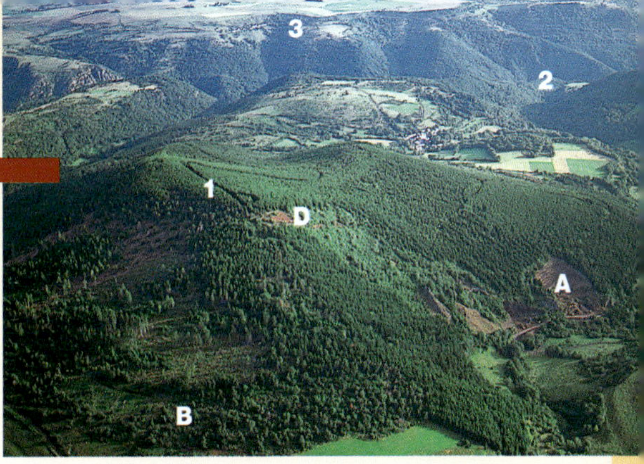

1. Volcan de Mazoires.
2. Couze d'Ardes : rejointe par une coulée de basalte issue du volcan, elle est encaissée dans le socle métamorphique.
3. Plateaux correspondant à des coulées de basalte.

Le cône strombolien de Mazoires (ou Domarège) domine les reliefs usés des alentours. Ses pentes encore fortes sont l'indication d'un âge assez récent (100 000 ans) : le volcan de Mazoires est contemporain de celui de Zanières (site 31).

Vous découvrirez :

- **En A :** des scories rouges soudées à chaud sont recoupées par un dyke vertical de basalte qui était un des conduits d'alimentation du volcan. Plus loin, des brèches contiennent des fragments de socle (situé sous le volcan) et des blocs de basalte noirs. Cette formation est interprétée comme la retombée de **produits stromboliens**. Cet ensemble est recoupé à plusieurs reprises par des dykes et des sills de basaltes massifs.

Ce volcan a eu une évolution complexe avec plusieurs phases d'activité : un premier volcan aujourd'hui très érodé a émis une coulée de 15 m d'épaisseur que l'on peut voir en contrebas dans le ruisseau de Cuzols.

- **En B : des lapilli noirs et stratifiés** indiquent que la carrière entaille des produits situés à la périphérie du cône volcanique.
- **En grimpant sur le volcan : les scories**, dont l'aspect de chocolat fondu suppose une lave très fluide ; puis la **vue C** sur le volcan du bois d'Adoux (cône strombolien bâti sur un maar), la Réserve naturelle de la Jacquette, le Sancy et le Cézalier, puis, par le hors circuit, en D, sur la carrière des Angles, la Limagne d'Issoire, le Livradois-Forez.

Glossaire : brèche, dyke, scorie, strombolien.

MICROBALADE

Accès : Atlas p. 39/B2

Traverser Mazoires, direction Anzat-le-Luguet. Aux Angles, se garer juste après la carrière A (⚠ active : observer depuis la route). Poursuivre jusqu'au col où l'on bifurque immédiatement à droite vers Cuzol. 200 m après la ferme de Cuzol, se garer à l'entrée de l'ancienne carrière B.

Aller-retour : 3,5 km
- **1 h 00 • 1 160 à 1 230 m**
- **balisage partiel : vaches rouges.**

D De la carrière, continuer la piste. Au carrefour de chemins : à droite par la piste balisée descendant en pente douce.
Au carrefour suivant : à droite jusqu'au lacet où l'on grimpera dans la pente en longeant la plantation (vue C : voir texte).

Hors circuit vers la vue D (0 h 45) : voir texte.

Tout près : Voir au site 32
- **Mazoires (église romane)**
- **Grottes de Strigoux.**

34 Cirque d'Artout, signal du Luguet

ANZAT-LE-LUGUET

Le cirque d'Artout dominé par le signal du Luguet. 1, 2 et 3 sont trois anciens lacs de lave installés dans trois maars et mis en inversion de relief.

Le signal du Luguet, point culminant du massif (1 551 m), est un **petit strato-volcan** mis en place entre 5 et 3,5 Ma, mais très largement érodé depuis. Il est au cœur d'un dispositif plus complexe au sein duquel on reconnaît des coulées prismées et des maars. C'est dans cette zone qu'on peut échantillonner les rares **roches différenciées** qui existent dans le Cézalier (trachyandésites, phonolites...).
Le cirque d'Artoux témoigne de l'**action des glaciers** qui ont mis en relief les falaises basaltiques. Son relief très désordonné correspond à d'anciens glissements de terrain qui ont été facilités, après la fonte des glaciers, par l'absence de végétation qui contribue à « tenir » les versants.

Glossaire : coulée de lave, différenciation, maar, prismation, strato-volcan.

DÉCOUVERTE

Accès : Atlas p. 39/A3

À Anzat-le-Luguet : D 721, direction Parrot/Boutaresse. Dans le virage après le hameau du Luguet, s'arrêter au panneau d'interprétation du Parc des volcans.

Panorama sur le cirque d'Artout, le signal du Luguet et les plateaux du Cézalier.

Tout près : Anzat-le-Luguet (église) • Cascade d'Apcher (D 23) • Tour de Besse (xvᵉ s.).

35 Cascade des Veyrines

ALLANCHE

Le ruisseau de Veyrines franchit en cascade une **coulée de trachyandésite** d'environ 10 m de haut. Son âge serait de l'ordre de 5 Ma. La roche est différente des basaltes rencontrés habituellement dans le Cézalier. De couleur gris foncé, elle ne contient pratiquement pas de cristaux, mais de nombreuses bulles : cela indique un refroidissement brutal. La roche est à nu, seulement recouverte par des plantes xérophiles, peu exigeantes. Une altération en petites billes est visible dans le tournant du chemin d'accès. La forme du **site en fer à cheval**, très classique, s'explique par une érosion plus importante au milieu du ruisseau que sur les bords.

DÉCOUVERTE

Accès : Atlas p. 39/A4

D'Allanche : D 679, direction Marcenat/Condat. Après 5 km, se garer au carrefour de la D 21.

Site partiellement aménagé : passer le portillon, descendre à travers pré et emprunter les marches, direction la cascade. 0 h 05. (⚠ en période de hautes eaux. Troupeaux : refermer les passages).

Tout près : Voir aussi au site 36 • Vélorail.

Glossaire : basalte, coulée de lave, trachyandésite.

36 Landeyrat

LANDEYRAT

De cet arrêt, le paysage est typique du Cézalier, fait d'étendues herbeuses, de collines aux pentes douces et de creux humides. Deux beaux affleurements basaltiques illustrent son histoire géologique.

• **Sur la droite de la route, de belles orgues basaltiques** constituent la colline de la roche d'Apcher. Verticaux après les maisons, les prismes présentent près du parking une base recourbée : c'est le résultat d'un épanchement canalisé dans un ancien fond de vallée (Fig. site 60).

Ces basaltes à olivine renferment de nombreuses enclaves de roches du socle (gneiss et roches apparentées) de taille centimétrique : cela est le signe qu'en montant par des fissures, la lave a « ramoné » leurs parois.

• **De l'autre côté de la route (Ph.), un chaos rocheux**, également basaltique, rassemble des blocs de grande taille, mais bien calibrés, avec de belles formes hexagonales.

Ce site correspond à un neck, une ancienne cheminée de volcan mise en relief et démantelée.

Landeyrat est connu pour ses **tourbières** : l'une d'elles, protégée, est accessible par un bon chemin à partir du village ; une autre, exploitée, est bien visible le long de la D 679, à quelques centaines de mètres de l'affleurement (⚠ propriété privée).

DÉCOUVERTE

Accès : Atlas p. 39/A3

D'Allanche : D 679, direction de Marcenat/Condat. 500 m après Les Prades, se garer au carrefour de La Roussilhe (⚠ place pour une seule voiture).

Observation des formations basaltiques (voir texte) : suivre la départementale sur 100 m (⚠ prudence).

Tout près : Haut Cézalier, sans routes, ni villages • Allanche (OT, église, maisons anciennes, fête de l'Estive le dernier samedi de mai, départ du vélorail) • Site 35.

Glossaire : basalte, prismation, neck.

Plateau de Landeyrat.

37 Charmensac

CHARMENSAC

Situé en surplomb du ruisseau de la Fage, un des affluents de la rive gauche de l'Alagnon, le site de Charmensac montre des affleurements de coulées illustrant la modification du cours de l'Alagnon et l'enfoncement (400 m) de la rivière actuelle depuis 5 Ma.

Vous observerez :

• **En A : sur une coulée ancienne,** un sol peu épais est recouvert par une autre coulée de basalte et rougi par sa chaleur. Sur la droite, voyez le contact non horizontal entre les deux coulées : l'ancienne surface topographique n'était pas plane.

• **En B, derrière le cimetière : vue** par beau temps sur Devès, Velay, Cantal et, au premier plan, l'actuelle vallée de l'Alagnon, assez étroite. Le versant opposé montre une falaise basaltique horizontale du même ensemble volcanique (Ph. p. 38) : lors de l'épanchement de ces coulées, le lit de la rivière était plus haut qu'aujourd'hui !

Modification du cours de l'Alagnon

Reconstitution des coulées de basalte marquant l'ancien cours de l'Alagnon

Coulée en C.

• **En C (Ph.) : la coulée de basalte** à petits cristaux d'olivine verts présente une base d'orgues mal dessinées, couronnée de prismes plus désordonnés encore. Au niveau du chemin, apparaissent des galets de rivière, également basaltiques, désignant un ancien lit de rivière.

On en déduit qu'une première coulée a recouvert les gneiss (structure en feuillets) visibles en D ; puis la rivière s'est installée sur la coulée, la recouvrant de galets (en C). Une deuxième coulée a recouvert les galets, puis une troisième jusqu'à la coulée sommitale où est implanté le cimetière. Ces différentes coulées ont parfois débordé sur les sols qui se situaient sur les berges (en A).

Glossaire : basalte, coulée de lave, orgues.

MICROBALADE

Accès : Atlas p. 39/B4

À Charmensac : se garer sur la place du village.

2 allers-retours :
1,7 km • 0 h 30
• pas de balisage.

D Monter la petite route qui rejoint le parking de la mairie (A : voir texte) et le cimetière. Passer le cimetière et traverser le pré (vue B : voir texte). Revenir en D. Descendre la petite route, en direction de Peyreneyre et de la N 122. Après 300 m, prendre le chemin à gauche. Après 80 m, il passe en balcon à l'interface parfait de deux coulées (C : voir texte).

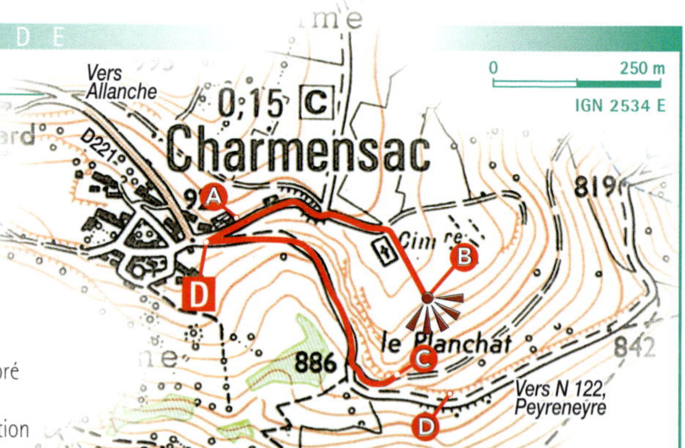

Tout près : Grotte de Cuze (abri magdalénien) • Églises de Vauclair et Molompize • Aurouze (château ruiné XVe s., cascades de Secouriou et du Cavalier) • Site médiéval de Peyrusse-le-Château • Autres coulées de l'Alagnon (Ph. p. 38).

38 Roc et cascade de Cuze

SAINTE-ANASTASIE

Depuis le pont emprunté par les voies du Vélorail, découvrez le rocher de Cuze et son abri sous roche.
Le roc comprend une falaise de basalte prismé en éventail (neck) et une coulée reposant sur une zone de scories qui correspond à des retombées de lapilli au début de l'éruption.

La différence de dureté entre les matériaux a permis l'individualisation d'un abri sous roche, utilisé vers 4 500 ans avant J.-C., dans lequel on a retrouvé un outillage ancien (3 000 silex) et des ossements (13 corps).
Un tel abri n'est pas unique dans ce secteur : les **gorges de l'Allanche** montrent une succession de necks et de coulées joliment prismés et, localement, des grottes.
La rivière qui coule plus de 150 m en dessous de la planèze de Chalinargues (côté Cantal) et du plateau de Recoules (côté Cézalier) a en effet entaillé de **très grands épanchements de basalte**.
Les gorges sont facilement observables en de très nombreux points depuis l'ancienne voie ferrée.

Glossaire : coulée de lave, neck, prismation, pyroclastite.

Le roc de Cuze est idéal pour étudier la prismation des basaltes. On voit des prismes horizontaux (dyke), verticaux, en éventail vers le bas (coulée canalisée) ou encore divergents vers le haut (neck avec évent). Voir Fig. 14, p. 15, et Fig. p. 117.

MICROBALADE

Accès : Atlas p. 39/A4

D'Allanche : D 679, direction Neussargues.
1 km après Ste-Anastasie : à droite.
La petite route donne accès à la ferme du Bousquet.
Se garer avant les maisons.

Aller-retour à faire quand la végétation est peu abondante : 0,7 km • 0 h 20 • 000 à 050 m • pas de balisage.

D Passer les maisons, descendre le chemin vers la rivière. Au bas de la pente, suivre à gauche la voie ferrée (abandonnée sauf Vélorail) sur 100 m, jusqu'aux tables de pique-nique. Panneau d'interprétation. Accès au site de fouilles de l'abri préhistorique.

Tout près : Villages et églises de Moissac (château) et Chalinargues (SI, 14) • Table basaltique et tour de Merdogne près de Joursac • Orgues du rocher de Laval à la confluence Allanche/Alagnon • Vélorail depuis Allanche (accède au site).

39 Volcan de Montjournal

FERRIÈRES-SAINT-MARY

Contrairement à Mazoires (site 33), le volcan de Montjournal (1 180 m) est un cône strombolien ancien. Son intérêt principal réside dans le vaste panorama de son sommet sur le Cézalier, le strato-volcan du Cantal et la pénéplaine.

Panorama vers l'ouest et le Cantal.

Du sommet, les observations géologiques suivantes sont possibles vers le sud-sud-est :

- **Au 1er plan : la coulée de basalte** issue du volcan constitue la ligne de crête entre Alagnon et Arcueil.
- **Au 2d plan, un peu en contrebas : le plateau** à 900 m d'altitude est un témoin de l'ancienne pénéplaine, résultat de l'érosion complète du Massif central à la fin de l'ère primaire (entre 300 et 250 Ma). Les roches du socle, essentiellement des gneiss, y affleurent. Elle est profondément entaillée de vallées profondes très récentes (voir site 37) comme celle de l'Arcueil que vous dominez immédiatement.
- **Plus loin : des collines rondes** semblent posées sur ce plateau (puy de Loubarcet, près de La Chapelle-Laurent, par exemple). Il s'agit d'autres petits volcans basaltiques, très dispersés et généralement du même âge que le Cézalier.
- **Au loin, par beau temps : les monts granitiques de la Margeride** se dessinent. Avec le Forez et les Cévennes, elle est l'une des rares montagnes du Massif central à n'être pas volcanique.

Glossaire : cône de scories, coulée de lave, strombolien.

MICROBALADE

Accès : Atlas p. 39/B4

À Ferrières-St-Mary : D 144, direction L'Usclade. À l'entrée du village : à gauche, direction Le Ventoux. Après 250 m : à droite vers Sagnalade qu'on traverse. Au premier carrefour : à gauche vers Montjournal. Après 500 m : se garer dans le virage (panneau indiquant la montée au Montjournal).

Aller-retour : 0,8 km
- 0 h 15
- 1 120 à 1 180 m
- pas de balisage.

D Du panneau, suivre le chemin indiqué jusqu'au calvaire (panoramas, tables d'orientation).

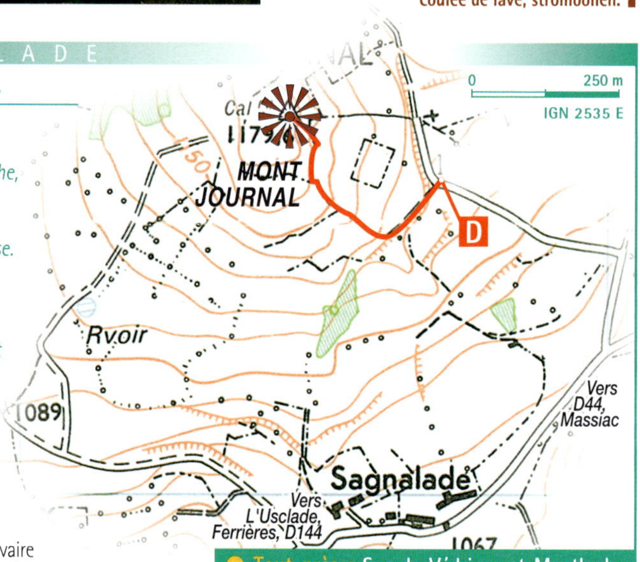

Tout près : Suc de Védrines et Montlouby (autres sites à panorama) • Voir aux sites 37 et 38.

Volcan du Cantal

Le volcan cantalien est l'un des plus vastes strato-volcans d'Europe de l'ouest (2 700 km^2 ; plus de 60 km de diamètre).
Au-delà du volume et de l'extension des produits (près de la moitié du département), de la diversité des magmas et des éruptions, son originalité réside dans l'abondance des brèches (80 % du volume) dont la formation n'est comprise que depuis vingt ans.

Carte géologique simplifiée.

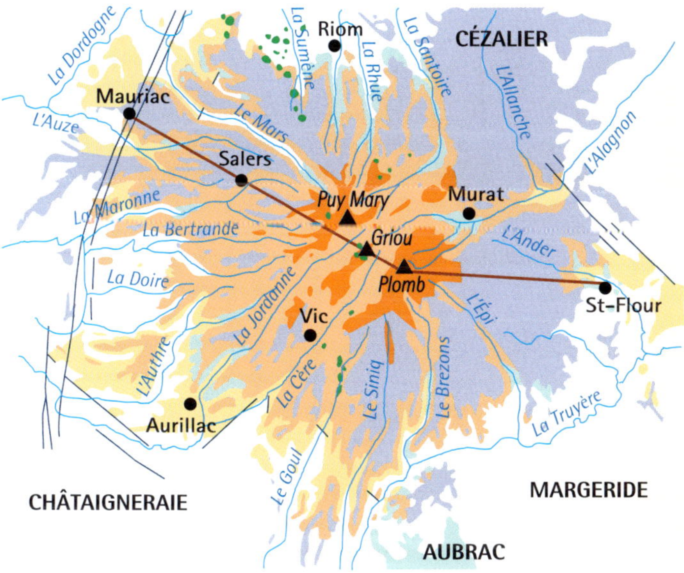

Coupe géologique simplifiée.

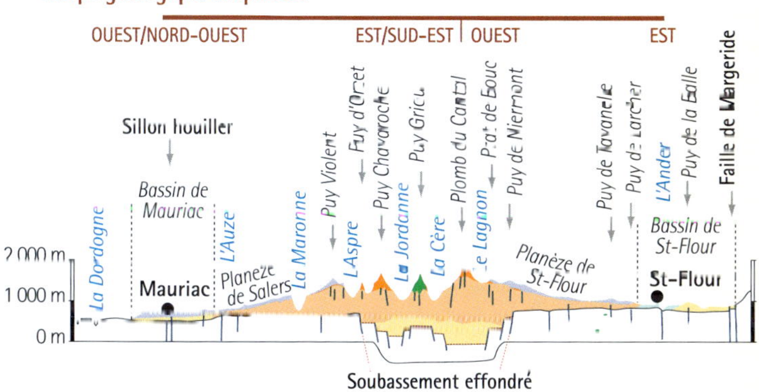

Soubassement

- *Socle métamorphique et granitique*
- *Sédiments*

Période I

- *Basaltes anciens*

Périodes II et III

- *Phonolites*
- *Laves des sommets : trachy-andésites*
- *Brèches trachy-andésitiques (pyroclastites, avalanches de débris et lahars).* *Voir encadré p. 96*

Période IV

- *Basaltes des planèzes*

Au cœur du volcan cantalien :
1. Murailles de crêtes
2. Vallée de la Cère et
3. Vallée de la Jordanne : deux des quinze auges glaciaires
4. Puy Griou

On retrouve la forme très aplatie que suggère la coupe p. 95.

Le volcan se présente comme un tronc de cône très aplati, entaillé de vallées radiales, où deux zones s'opposent :
- la zone centrale, de 8 à 10 km de diamètre, au relief accidenté, entre 1 300 m et 1 855 m d'altitude. Elle rassemble des laves visqueuses sous forme de coulées épaisses ;
- les vastes zones périphériques tabulaires, de 700 et 1 300 m d'altitude, formées de coulées basaltiques fluides et d'écoulements de produits fragmentés plus ou moins boueux.

Les récentes synthèses géologiques (1999-2001) situent l'histoire du volcan entre 13 et 2 Ma et distinguent quatre grandes périodes.

Les brèches trachyandésitiques

Au sein des brèches trachyandésitiques de la période II (voir carte p. 95), on distingue :

- les dépôts d'avalanches de débris, à l'amont des grandes vallées de l'ouest et du sud. Il s'agit de formations chaotiques à mégablocs (panneaux peu déplacés, pouvant atteindre des centaines de mètres de long et 300 m d'épaisseur). Des morceaux de coulées ou de dômes initiaux sont ainsi conservés intacts. Mais la plupart des blocs montrent un débit anguleux « en dents de scie », qui prépare la fragmentation plus fine des dépôts suivants ;
- les dépôts de coulées de débris. Il s'agit de formations chaotiques à matrice grossière (blocs fréquemment plurimètriques ou décamètriques), généralement bien consolidées. Elles se signalent souvent par d'imposants reliefs ruiniformes sur les flancs des moyennes vallées (Cère : site 50, Jordanne, Authre...) ;
- les dépôts de coulées boueuses des zones périphériques de l'ouest et du sud. Ils consistent en des écoulements dilués à petits blocs et matrice sablo-argileuse dominante (lahars). Ils peuvent contenir de rares blocs volumineux (Carlat, site 48).

Basaltes anciens *(13 à 7 Ma)*

Ils apparaissent en périphérie sous forme de coulées massives, issues d'édifices très érodés et dispersés (Saint-Flour : site 40 ; Apchon : site 41 ; Salins : site 42 ; Aurillac), soit au cœur du massif où leur âge tardif et leur minéralogie particulière (Faillitoux : site 47) témoignent de l'installation d'un réservoir magmatique embryonnaire près de la surface.

La fin de cette activité peu explosive, d'ampleur régionale, est contemporaine de l'émission des laves basaltiques de l'Aubrac, autour de 7,5 Ma (voir p. 98).

Premier édifice central *(8,8 à 8,3 Ma)*

Ce volcan (15 km de diamètre) va constituer l'ossature de la zone centrale.

Ses laves visqueuses à très visqueuses s'élaborent dans le(s) réservoir(s) superficiel(s) dont l'installation débute à la fin de la période précédente. Les dynamismes souvent explosifs projettent de fins fragments de lave qui se répandent en écoulements chauds dans les vallées, et en pluies de cendres et de ponces au-delà.
Certaines de ces formations sont présentes jusqu'à 1 450 m. Il est probable que la vidange brutale du réservoir a créé une caldeira, à l'image de celles, mieux argumentées, du Mont-Dore et du Sancy. Si la présence dans la zone centrale de telles structures d'effondrement (ou plutôt d'écroulement) n'est pas remise en cause, elle est attribuée à des mécanismes différents ou surimposés au précédent (voir ci-après).

Deuxième édifice central
(8,3 à 7 Ma)

Centré sur le précédent, il s'en différencie par ses produits et des dynamismes toujours explosifs. Les trachyandésites moins visqueuses dominent sous forme de coulées épaisses ou, plus rarement, de dômes. Ces produits s'observent soit en place, soit au sein des dépôts remobilisés que sont les brèches volcaniques. Leur formation est mieux comprise depuis l'éruption du Saint-Helens en 1980 : écroulement et glissement engendrent des écoulements de produits montrant une fragmentation graduelle vers l'aval (voir encadré p. 96).
L'aspect de ces dépôts ainsi que les cratères d'avalanche ouverts « en fer à cheval » dans la direction du glissement (amont de la Cère et de la Jordanne) sont les indicateurs des événements destructeurs qui ont ébranlé la partie sommitale de ce deuxième grand volcan au moins à trois reprises : avant 7,7 Ma (flancs nord et nord-est) ; entre 7,4 et 7,2 Ma (flanc ouest : d'Aurillac à Mauriac) ; entre 7,2 et 6,9 Ma (flanc sud : Jordanne, Cère, Brezons). Par la suite, l'amorce d'une reconstruction se manifeste par l'émission de rares magmas visqueux comme le dôme du puy Mary (site 45).
Vers la fin de cette période, il y a 7 à 6,5 Ma, un volcanisme plus régional interfère avec ce volcanisme centralisé et met en place notamment les pitons et dômes les plus récents de la zone sommitale (Griou et Griounou : site 46 ; Usclade ; roc d'Hozières) et du nord-ouest du département (de Menet à Bort-les-Orgues).

Basaltes des planèzes
(7 à 2 Ma)

Cette activité édifie de vastes plateaux basaltiques plus ou moins triangulaires, dits « planèzes ». Essentiellement périphérique, elle est discrète dans le quart sud-ouest, très présente ailleurs (Salers ; Trizac ; Limon ; Carlat : site 48...), vaste et continue à l'est (planèze de Saint-Flour). Les bouches sont abondantes et dispersées sur les planèzes ou à leur périphérie immédiate (Murat : site 44 ; Neussargues...). Les dynamismes strombolien et effusif dominent. Dans la zone centrale, ce magmatisme ne laisse que quelques dykes.
Comme pour les basaltes anciens, il possède un caractère régional contemporain d'éruptions basaltiques dans le Cézalier et les monts Dore. P. M.

Glossaire : brèche volcanique, caldeira, coulée de lave, dôme, dyke, effusif, lahar, réservoir magmatique, Saint-Helens, strato-volcan, strombolien.

Cirque et haute vallée glaciaires de l'Impradine.
Remarquez l'étagement classique de la végétation dans les vallées du volcan :
1. Fond de vallée humide où les eaux louvoient pour s'organiser en ruisseau ; plus bas viendront les cultures et prairies de fauche
2. Étage de la hêtraie d'altitude ou de la hêtraie sapinière. Sa limite supérieure est nette et assez basse, car elle a été repoussée par le défrichement
3. Étage des landes et pelouses d'estive qui accueille les bovins de fin mai à début octobre
4. Muraille de crêtes, entaillée ici par la brèche de Roland, entre puy Mary et Peyre-Arse

Aubrac volcanique

L'Aubrac volcanique, s'il atteint le sud du département du Cantal et la Lozère, se situe essentiellement en Aveyron. D'une altitude moyenne de 1 000 m, il culmine à 1 469 m au signal de Mailhebiau.

Carte géologique simplifiée de l'Aubrac.

Ensemble elliptique (40 km x 15 km), orienté NO-SE, l'Aubrac volcanique s'affaisse doucement vers le nord jusqu'au socle où s'encaisse la Truyère, tandis qu'au sud il est entaillé de profonds ravins par les boraldes, rivières torrentueuses qui dévalent vers la vallée du Lot. Comme le Devès, c' est un plateau principalement construit par la superposition de coulées basaltiques, dominées par des édifices isolés. 90 % de l'activité effusive se sont concentrés dans une période de 250 000 ans, autour de 7,5 Ma. Des basaltes fluides échappés de nombreuses fissures se sont empilés sur des épaisseurs pouvant atteindre 300 m dans la zone centrale. Quelques épisodes plus explosifs ont laissé des cônes de scories qui soulignent l'orientation NO-SE, mais qui apparaissent aussi selon d'autres directions, notamment en périphérie. Sur le terrain, on observe donc des falaises prismées et leurs éboulis, des dykes (filons d'alimentation des coulées), des édifices stromboliens ou leurs cheminées (necks), et quelques dépôts de maar. L'ensemble a subi une intense érosion glaciaire et post glaciaire. La page 99 fournit une liste de quelques beaux sites, non détaillés. H. L.

Glossaire : cône de scories, coulée de lave, dyke, effusif, explosif, neck, maar, prismation.

Plateau de l'Aubrac. Les murets de pierres sèches tracent les lignes de force.

L'Aubrac

QUELQUES SITES EN AUBRAC

Cascade du Déroc.

Sous le magnifique manteau d'herbe de l'Aubrac, découvrez des formations volcaniques usées par les glaces :

• **Les pointements volcaniques** de l'échine centrale, dont le puy de Gudette, les truques d'Aubrac ou le signal de Mailhebiau ; les necks de La Motte (Marchastel) et de Belvezet (au sud de Saint-Urcize)...

• **Les édifices périphériques** en Margeride (roc de Peyre, truc de la Fare, pic de Mus...) ou, surplombant la vallée du Lot (La Garde, Fontgrande, Vernus, Calmont-d'Olt...)...

• **Les falaises de basalte :** rocher de la Vieille et son éboulis (Saint-Urcize) et, au nord, La Roche-Canilhac ; de nombreuses cascades dont celle du Déroc (Nasbinals), des Vergnes (vers Aurelle-Verlac), du Saltou (col de Bonnecombe), du saut du Loup (lac de lave, vers Lacalm)...

• **De belles prismations** en place ou réutilisées : chaussée des Géants au pont des Nègres (D 52 entre Nasbinals et le col de Bonnecombe) ; orgues du moulin Bouyssou et du pont Pigasse (Laguiole), ruines de Peyrou (au lac de Born)...

Glossaire : basalte, manteau, neck, prismation.

Sous la motte de Marchastel.

40 Orgues de Saint-Flour

SAINT-FLOUR

La fameuse coulée de Saint-Flour superpose pédagogiquement un entablement de faux prismes et une colonnade d'orgues. L'**entablement** correspond à la partie supérieure de la coulée qui, proche de l'atmosphère, s'est refroidie précocément, acquérant ainsi une prismation imparfaite.

La **colonnade** représente le corps central de la coulée où la solidification lente a permis le développement de fissures de retrait verticales et polygonales. Le niveau d'érosion n'a pas encore atteint la zone de contact avec le sol, formée probablement d'une semelle de progression scoriacée.

Cette coulée de basalte qui prolonge vers l'ouest le rocher de Saint-Flour est âgée de 8,8 Ma. Elle n'appartient donc pas, malgré sa proximité géographique, aux coulées formant la planèze de Saint-Flour ; elle est contemporaine de la fin de la plus ancienne période éruptive de l'histoire du volcan cantalien (p. 96), de même que le neck d'Apchon (site 41), les coulées des sites 42 et 47.

Glossaire : coulée de lave, prismation.

DÉCOUVERTE

Accès : Atlas p. 41/hors carte depuis D3

Dans la ville haute, se garer sur la place du rond-point.

Observation des orgues le long du trottoir, en redescendant la rampe vers la ville basse, jusqu'au lacet (0 h 20).

Tout près : St-Flour (OT, orgues illuminées le soir, façade de la cathédrale en basalte du sanflorain et pierre de Murat pour les sculptures) • Gorges de l'Ander au sud-est.

41 Neck d'Apchon

APCHON

Depuis le joli village jusqu'aux ruines du château, vous apprécierez le décor créé par le rocher basaltique d'Apchon, vestige d'une ancienne cheminée volcanique, de forme cylindrique parfaite et, par là, exceptionnelle.

Vous observerez :

- **La surface plate du sommet** où la fissuration horizontale développe des **prismes rectilignes,** disposés de manière radiale et régulière autour de son axe central (Fig. 14 d, p. 15).
- **La paroi verticale** qui, vue depuis sa base, montre une juxtaposition de polygones correspondant à la **section tranversale des prismes**.

Cette disposition témoigne du refroidissement et de la solidification de la lave dans un conduit d'alimentation cylindrique : vous contemplez la zone inférieure du **cœur d'un ancien cône de scories daté à 9,5 Ma**. Les projections meubles de l'ancien appareil de surface ont été érodées, jusqu'à la mise en relief de sa cheminée sous forme de neck (Fig.).

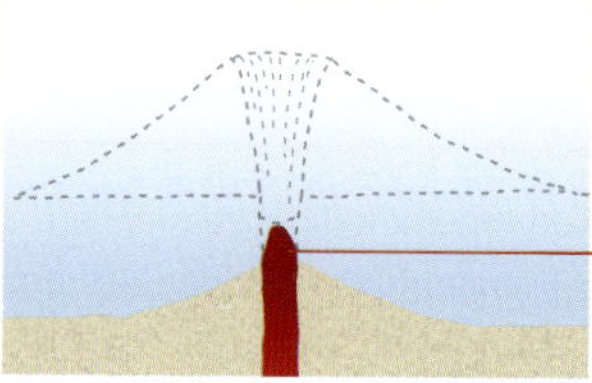

Neck d'Apchon = cheminée lavique érodée

(voir aussi sites 44, 46)

À l'opposé du village, le **rocher de la Vierge** représente une coulée de basalte prismée verticalement, contemporaine de cette activité éruptive (basaltes d'âges similaires : sites 40, 42, 47).

Glossaire : basalte, neck, prismation.

MICROBALADE

Accès : Atlas p. 41/C2

À Riom-ès-Montagnes : D 3, direction Murat. Puis à droite, direction Apchon/Cheylade. À Apchon, Se garer place de l'Église.

Boucle : 0,5 km • 0 h 15
• 1 060 à 1 120 m
• pas de balisage.

D Monter la rue qui longe l'église. Après 100 m : monter par le chemin à droite vers la butte et les ruines (⚠ falaises ; vue : Sancy, Font-Sainte). En redescendant par le même chemin, bifurquer à gauche pour longer le pied de la butte et dominer les toits de lauzes du village.

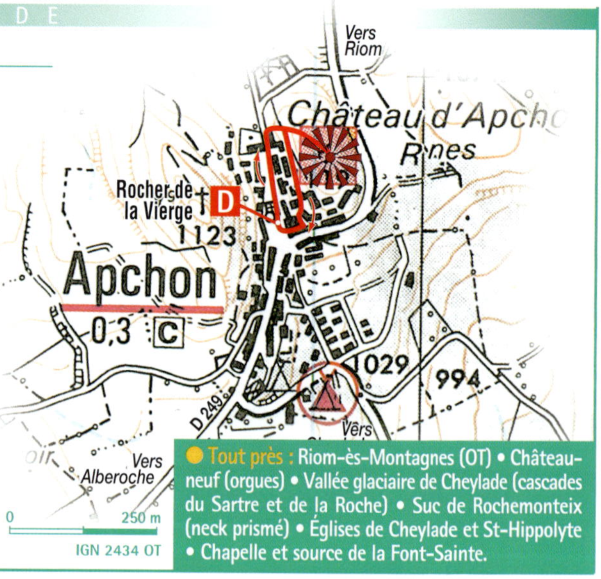

Tout près : Riom-ès-Montagnes (OT) • Châteauneuf (orgues) • Vallée glaciaire de Cheylade (cascades du Sartre et de la Roche) • Suc de Rochemonteix (neck prismé) • Églises de Cheylade et St-Hippolyte • Chapelle et source de la Font-Sainte.

42 Cascade de Salins

SALINS

La cascade de Salins est un des rares exemples observables d'une coulée de basalte qui date des **premières éruptions du Cantal**, entre 13 et 7 Ma (p. 96 et sites 40, 41, 47). L'Auze a entaillé le rebord de la coulée sur 30 m, érodé plus intensément les argiles sous-jacentes, mettant en surplomb la roche volcanique plus dure. La coulée est recouverte par les dépôts fragmentés (visibles dans le talus de la route, face au parking) de la plus volumineuse avalanche de débris dirigée vers l'ouest du Cantal (p. 97 et site 43). Le village de Salins doit son nom à la présence de **gypse** (sulfate de calcium hydraté) dans les argiles, minéral qui donne un goût salé à l'eau des sources de ce vallon.

En passant derrière la cascade et après 30 m, vous découvrirez la **fontaine des Druides**, une émergence qui résulte de la traversée relativement rapide des eaux d'infiltration au travers du basalte fissuré, conduisant à une faible minéralisation de l'eau.

Glossaire : avalanche de débris, coulée de lave.

D É C O U V E R T E

Accès : Atlas p. 40/A2

À Mauriac : D 922, direction Aurillac.
Après 7 km, se garer sur le parking en bord de route, au panneau « Cascade de Salins ».

Observation de la cascade, en descendant le chemin fléché, illuminé les soirs d'été (0 h 15).

Tout près : Château de la Vigne • Mauriac (OT) • Anglards-de-Salers (église romane, château de Trémolières).

43 Brèches de Salers

SALERS

1. Ciment argilo-sableux tendre - 2. Blocs volcaniques anguleux, de toutes tailles, disposés sans ordre.

Ici affleure la **plus volumineuse unité volcanique du Cantal** : des brèches provenant d'une avalanche de débris qui a détruit, entre 7,4 et 7,2 Ma, la quasi totalité du cône d'un grand volcan central (p. 97). Les blocs sont essentiellement des **trachyandésites**. Leur taille peut dépasser le décamètre. Par endroits, les dents de scie de leurs bords traduisent les chocs subis durant la progression de l'avalanche.

Ces dépôts sont recouverts par les coulées de basalte bien plus récentes de la planèze de Salers (p. 97). Depuis la zone centrale, l'unité de brèches s'étale en éventail sur une vaste partie du versant ouest du massif, entre les vallées du Mars et de l'Authre. Elle forme dans les talus de la D 922, entre Aurillac et Mauriac, un affleurement quasi continu de 40 km. Cela traduit l'exceptionnelle intensité du phénomène qui a détruit le cône central dont les modélisations indiquent qu'il dépassait 3 000 m d'altitude.

Glossaire : avalanche de débris, brèche, trachyandésite.

D É C O U V E R T E

Accès : Atlas p. 41/B3

À Salers : D 35, direction St-Paul-de-Salers/Fontanges.
Après environ 1,5 km, se garer dans le deuxième lacet (⚠ accotement).

Observation des mégablocs, dans la paroi surplombant la route.

Tout près : Gorges de la Maronne • Salers (OT, promenade de Barouze : panorama sur le puy Violent et les vallées glaciaires) • Fontanges (habitat, église, chapelle monolithique St-Michel).

44 Neck de Bredons

ALBEPIERRE-BREDONS

Le neck de Bredons, couronné d'une remarquable église romane, est l'un des trois rochers dont l'alignement structure le très pittoresque site de Murat. Cette cité est depuis des siècles l'une des principales portes d'accès au volcan cantalien.

Au fil de la balade, vous observerez :

• **Du sommet : les reliefs circulaires** de Bonnevie et de Chastel-sur-Murat (Ph.).

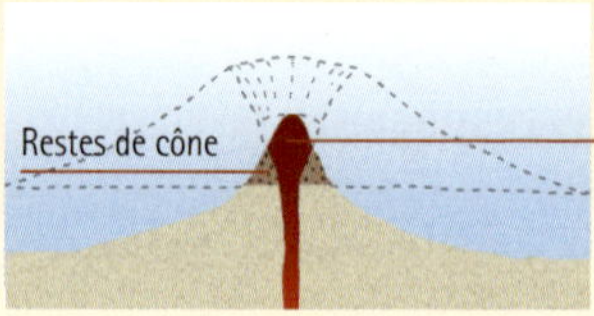

Neck de Bredons = culot cratérique érodé

(voir aussi sites 41, 46)

Bredons, Bonnevie et Chastel sont trois necks basaltiques de même âge, vestiges de trois anciens petits volcans rigoureusement alignés, issus d'éruptions synchrones au long d'une même fissure. Se dessinent aussi les rebords abrupts des planèzes les plus proches (de Chalinargues au nord et de Saint-Flour à l'est), ainsi qu'une partie de la zone centrale plus escarpée (Lioran).

• **Dans le village : l'emploi des roches** dans l'architecture.

• **Depuis le plancher de l'ancienne carrière : la prismation en gerbes.** Dans sa partie médiane, l'aspect en proue de bateau des prismes divergents reflète la géométrie complexe des anciennes parois de ce culot cratérique (Fig.). Le neck basaltique de Bredons correspond à l'un des points d'émission les plus récents de l'histoire du volcan (3,6 Ma), contemporain de la construction des planèzes.

Glossaire : neck, prismation, strombolien.

Vue depuis le neck de Bredons :
1. Neck de Chastel-sur-Murat (chapelle St-Antoine)
2. Neck de Bonnevie (Vierge)
3. Ancienne priorale Saint-Pierre

MICROBALADE

● Accès : Atlas p. 41/D3

À Murat : D 926, direction St-Flour. 1 km après le pont sur les voies SNCF : à droite, direction Bredons. Dans le village, au carrefour de la fontaine : à droite, direction Église/Cimetière. Se garer au niveau du cimetière.

Boucle : 1,3 km • 0 h 35 • 1 010 à 910 m • balisage partiel jaune.

D Gagner le sommet de la butte par la sente herbeuse (⚠ falaises ; vue : voir texte). Redescendre dans le village. À la fontaine, descendre la route à gauche. Au bas de la pente, prendre à gauche le sentier fléché « Église de Bredons ». Au passage de clôture aménagé : vue à gauche sur l'ancienne carrière (⚠ privée). Continuer le sentier en lacets qui rejoint le cimetière.

● Tout près : Chastel-sur-Murat et Murat (OT, maison de la Faune, bâti) • Antennes de Cheylanes (vue sur les rochers de Murat) • Col de la Molède (découverte de la forêt : livret ONF à l'OT) • Col de Prat-de-Bouc.

45 Puy Mary et Pas de Peyrol

LE CLAUX, LE FALGOUX

Ce chemin de crête multiplie les points de vue sur la zone centrale du strato-volcan et sur le fameux puy Mary (1 783 m), sommet emblématique du Cantal avec le Plomb (1 855 m) et le Peyre-Arse (1 806 m).

La pyramide quadrangulaire du puy Mary. En pointillé, sa forme initiale supposée. En vignette, brèches trachytiques : dépôts des nuées ardentes issues du puy Mary.

La plupart des reliefs alentour résultent de l'émission de laves visqueuses sous forme de dômes ou de coulées épaisses. Le puy Mary est lui-même un **dôme érodé**, d'environ 6,5 Ma. Il marque la fin du fonctionnement d'un réservoir magmatique superficiel, peu après la destruction du dernier grand cône sommital (entre 7,2 et 6,9 Ma : p. 97). Sa **forme pyramidale** est due à l'érosion glaciaire qui a modelé des cirques sur ses flancs, au départ des grandes vallées du massif : Jordanne, Mars, Grande Rhue et Santoire.

Le puy Mary est constitué de trachyte que vous observerez sous formes de **dépôts de nuées ardentes** dans les talus du parking du pas de Peyrol (Ph.). Depuis son sommet (table d'orientation), découvrez une gamme très complète de **morphologies volcaniques et érosives** : cirques et vallées glaciaires rayonnantes ; planèze basaltique du Limon ; aiguille de phonolite du roc d'Hozière, du même âge que celle du Griou (site 46) ; dômes-coulées du Peyre Arse et de La Tourte (balade) ; bosse basaltique du Plomb (dernière petite éruption du Cantal, datée à 2 Ma)...

Glossaire : dôme, nuée ardente, péléen, phonolite, réservoir magmatique, trachyte.

MICROBALADE

● Accès : Atlas p. 41/C3

Monter au col du pas de Peyrol par la D 680 depuis Salers (ouest) ou depuis le col de Serre (nord), ou par la D 17 depuis Mandailles (sud). Parkings.

⚠ *Routes et cols fermés en hiver.*

Aller-retour à faire par beau temps non orageux : 3 km • 1 h 00
• 1 588 à 1 704 m
• balisage blanc/rouge récent, puis défraîchi.

D Emprunter le sentier blanc/rouge derrière le chalet restaurant sur 30 m. Bifurquer à droite par l'ancien GR (marque en croix « Fausse route GR »). Il rejoint la crête par la droite. La suivre jusqu'au panorama du puy de la Tourte.

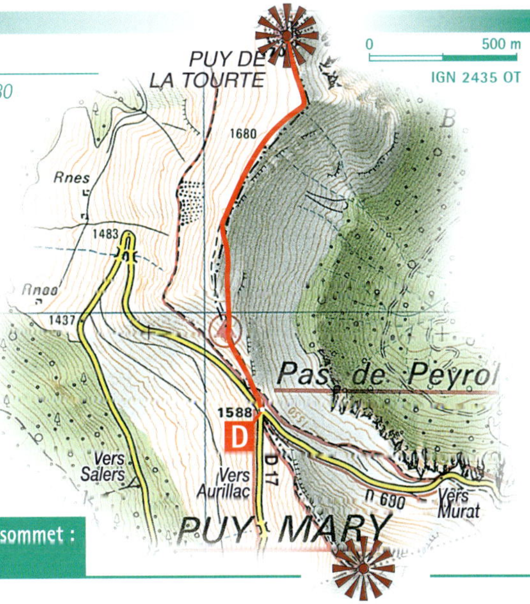

● Tout près : Puy Mary (panorama du sommet : 1 h 00 aller-retour).

46 Puy Griou

SAINT-JACQUES-DES-BLATS

Depuis Benech (haute vallée de la Jordanne), le Griounou (à l'avant gauche) et le Griou.

Le puy Griou (1 690 m) est l'un des plus imposants reliefs de la zone sommitale grâce en partie à sa position sur une ligne de crête déjà élevée (1 000 m) dominant Cère et Jordanne (Ph. p. 96). Il correspond à la montée lente d'un **piston de phonolite**, quasi solidifiée à son arrivée en surface. Vous trouverez cette phonolite sur le site même ou dans les alluvions de la Jordanne, sous forme de galets plats.

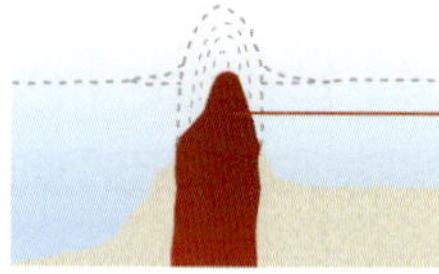

Griou, Griounou et Usclade sont les témoins d'un même et court épisode phonolitique. Il s'est manifesté le long de fractures NO-SE, de Bort-les-Orgues à Jou-sous-Monjou, vers 6,5 Ma, dès l'arrêt de l'activité centralisée du strato-volcan et **juste avant la formation des planèzes**. Ce magmatisme s'est produit à plusieurs brèves reprises en Auvergne, émettant de faibles volumes de produits, sauf dans le Velay oriental où la majorité des laves est de cette nature.

Glossaire : phonolite, protrusion, strato-volcan.

D É C O U V E R T E

Accès : Atlas p. 41/C3

Pas d'accès routier.

Belles vues sur le Griou depuis le plateau d'Enjoubert (St-Jacques-des-Blats, Ph. p. 40), le beau village de Niervèze (Thiézac) ou le buron de Bonnefous (Mandailles).

Tout près : Hautes vallées de la Cère et de la Jordanne • Col du Pertus : vue remarquable sur le cirque de la Jordanne, montée à l'Élancèze et au plateau d'Enjoubert.

47 Cascade de Faillitoux

THIÉZAC

Le ruisseau de Lasmolineries chute d'une épaisse coulée de basalte qui apparaît dans l'axe d'une vallée glaciaire suspendue (Fig.) Ce basalte prismé est original par la **taille anormalement grande des cristaux** d'olivine verte (voir les cassures fraîches) et de pyroxène noir (voir la surface des blocs éboulés). Elle indique un développement sans contraintes, donc une cristallisation lente.

Celle-ci ne serait pas due à une ascension lente du magma, mais à sa **stagnation temporaire dans un réservoir**. Cette hypothèse est étayée par la structure du basalte, sa localisation au cœur du volcan, son âge de 9,5 Ma, et le fait que les basaltes des sites 40, 41, 42, émis à la même époque mais

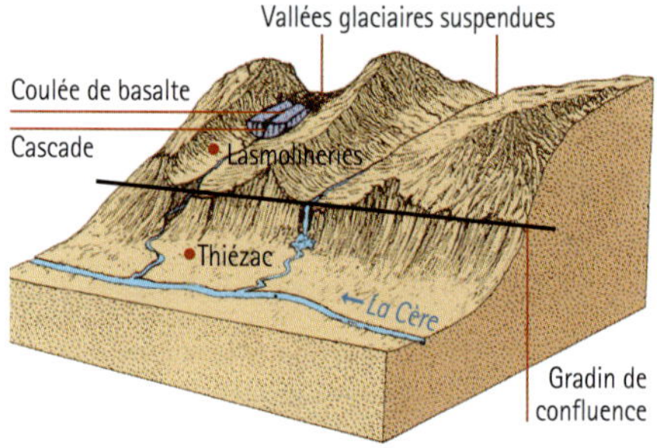

hors de cette zone, ne présentent pas cette particularité minéralogique.

Glossaire : basalte, coulée de lave, différenciation, prismation, réservoir magmatique.

D É C O U V E R T E

Accès : Atlas p. 41/C4

Dans Thiézac : ancienne nationale, direction Aurillac. Au cimetière : D 59 à droite, direction Lasmolineries. 1 km après ce village, se garer dans le premier lacet.

Aller-retour vers la cascade par le sentier balisé blanc/rouge (0 h 30) ⚠ chiens interdits : troupeaux.

Tout près : Voir au site 50.

48 Rocher de Carlat

CARLAT

Le rocher de Carlat est un des plus beaux exemples auvergnats de la mise en relief d'une coulée de basalte par l'érosion fluviatile.

L'entablement de Carlat est un tronçon d'une coulée de 20 km (Fig. 4) émise plus au nord, au rocher des Pendus. Depuis ce centre éruptif, il y a 5 Ma, une partie des laves s'est canalisée dans une vallée étroite jusque vers Carlat ; le reste a formé au sud-est la planèze de Badailhac.

Suite au comblement de la vallée (Fig.1), un nouveau réseau hydrographique s'est installé sur les bords de la coulée en exploitant le contraste de dureté basalte/brèches (Fig. 2).

Fig. 4

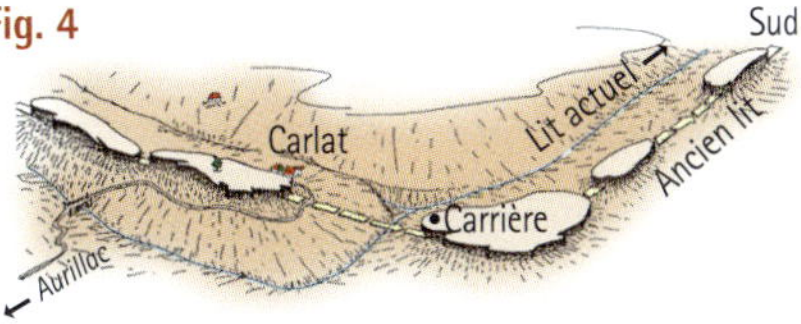

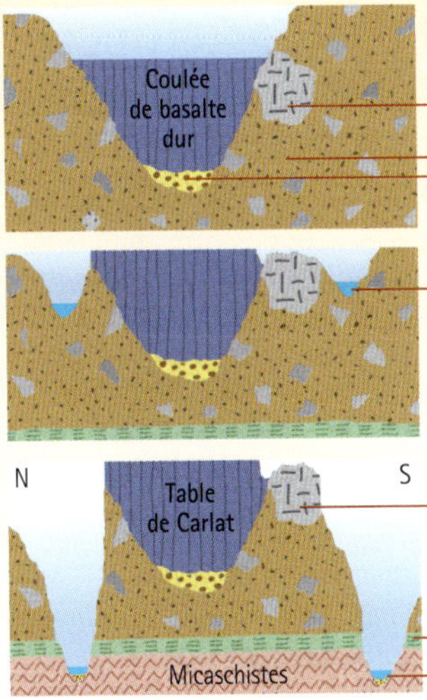

L'érosion progressive a mis la **coulée en relief** (Fig. 3). Au fil du chemin, observez :

- **En A : le contact basalte/alluvions** (sables et galets de trachyandésite essentiellement) de l'ancienne rivière (Ph.).
- **En B : la prismation du basalte**, inclinée à 90° de la surface du versant nord de la vallée fossile, disposition que l'on retrouve, mais symétrique, sur le chemin du côté sud de la coulée.
- **En C : le rocher de la Vierge**. Il s'agit d'une trachyandésite, âgée de 7 Ma et interprétée comme un mégabloc de la brèche sous-jacente (Fig. 3).

Glossaire : basalte, brèche volcanique, coulée de lave, prismation, trachyandésite.

MICROBALADE

Accès : Atlas p. 41/B5

D'Arpajon-sur-Cère : D 990, direction Carlat/Raulhac. Ne pas entrer dans Carlat, mais se garer au bas, sur le parking indiqué.

Boucle : 1 km • 0 h 25
- **810 à 840 m**
- **balisage : panneaux « Le rocher »**
- **⚠ site classé, ne pas échantillonner !**

D Suivre les panneaux par les ruelles jusqu'au petit col (Ⓐ ; panneau d'information). Par l'escalier de la Reine Ⓑ, rejoindre le plateau (vue : Griou, Châtaigneraie. ⚠ falaises non protégées) et le traverser latéralement. Par la sente, descendre au rocher de la Vierge (Ⓒ ; vue : village). Rejoindre le village par le chemin au pied de la falaise et suivre les panneaux « Parking ».

Tout près : Carlat (bâti traditionnel de la Châtaigneraie et du Carladez) • Aurillac (OT) • Châteaux privés de Messilhac et de Cropières.

49 Chaos de Casteltinet

THIÉZAC

Par une montée forestière jusqu'à l'énigmatique rocher du Lion, entrez dans le chaos de Casteltinet qui montre comment, après le retrait des glaciers, des pans du strato-volcan ont glissé dans les vallées.

Le glissement à l'origine de cet **amoncellement de blocs volumineux** est d'âge préhistorique (postérieur à 12 000 ans). Il fait suite à une instabilité gravitaire des roches le long de fissures courbes, larges et profondes (Fig. 1, 2, 3).

Le décollement initial s'est vite transformé en glissement rotationnel dont la tête forme un important abrupt concave de 100 m de haut ; les produits glissés se sont ensuite fragmentés en gros blocs, formant un écoulement chaotique dont le front a atteint le fond de la vallée.

La cause majeure du phénomène est la décompression relativement brutale des roches du versant (des brèches : voir site 50), soumises durant des milliers d'années à la pression latérale et progressive de la masse croissante du glacier.

Ces **effondrements latéraux préhistoriques**, plus ou moins anciens et très souvent stabilisés, sont présents dans toutes les anciennes vallées glaciaires du strato-volcan cantalien.

Fig. 1
Entre 20 000 et 12 000 ans : épisodes glaciaires

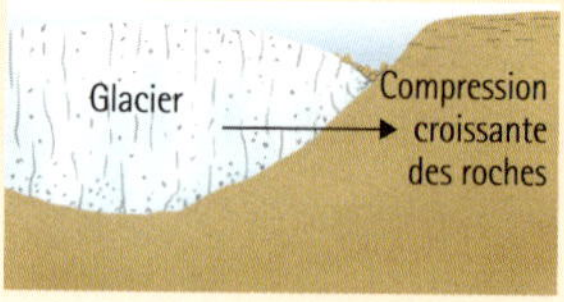

Fig. 2
Il y a 12 000 ans : retrait complet des glaces, instabilité des versants

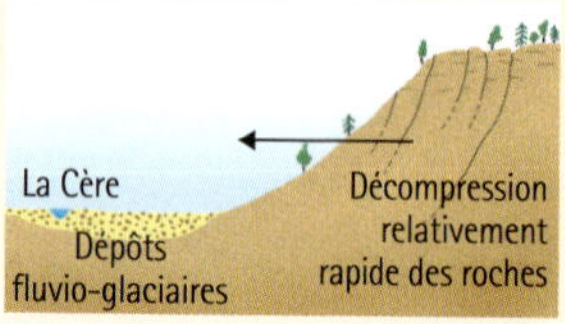

Fig. 3
Aujourd'hui : chaos après effondrement par glissement

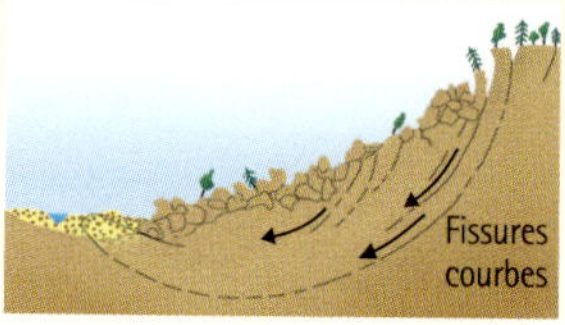

Chaos de Casteltinet vue depuis Thiézac.

Glossaire : brèche volcanique, strato-volcan.

MICROBALADE

Accès : Atlas p. 41/C4

Dans Thiézac, au carrefour central : descendre la D 59, direction Raulhac, sur 400 m. Juste après le pont sur le ruisseau : à gauche, direction Niervèze. Se garer juste après le pont SNCF (panneau de départ « Chaos de Casteltinet »).

Aller-retour : 1 km
- **0 h 30 • 850 à 940 m**
- **balisage partiel blanc/rouge.**

D Monter le très beau chemin balisé dans la hêtraie. Arrivé dans le cirque, prendre à droite le sentier « Rocher du Lion ». Traverser le rocher et, par la petite boucle, rejoindre le balisage blanc/rouge.

Tout près : Voir au site 50.

50 Pas de Cère

THIÉZAC

Les gorges du pas de Cère entaillent des brèches volcaniques (Ph. p. 6) qui, sur 30 km, composent de manière quasi continue les flancs de la vallée de la Cère entre le secteur du Lioran et ceux de Carlat (site 48) ou d'Aurillac.

L'érosion donne souvent aux brèches volcaniques un aspect ruiniforme (voir les falaises dominant Vic-sur-Cère). Elles correspondent aux dépôts de la **coulée de débris du dernier épisode destructif** de la zone centrale du strato-volcan, entre 7,2 et 9,6 Ma (p. 97 et site 43). Certains blocs atteignent des dizaines de mètres (**mégablocs** ou panneaux) ; elles présentent aussi des éléments de calcaire ou de silex provenant des sédiments du soubassement, incorporés au passage de l'avalanche. La morphologie très abrupte du versant gauche de la vallée, entre Le Lioran et Vic, correspondrait en partie au rebord oriental du cratère d'avalanche résultant de l'effondrement.

Glossaire : avalanche de débris, brèche volcanique, strato-volcan.

D É C O U V E R T E

Accès : Atlas p. 41/C4

De Thiézac : N 122, direction Vic-sur-Cère, sur 2 km. Se garer sur le vaste parking aux panneaux « Pas de Cère/Cascade de la Roucolle ».

Découverte de la cascade de la Roucolle (Ph. p. 41) et des gorges en descendant le chemin à l'extrémité nord du parking. Dépliant aux OT de Thiézac et Vic-sur-Cère.

Tout près : Thiézac (maisons traditionnelles avec escaliers et balcons en chêne ou châtaignier, église gothique, fresques de la chapelle Notre-Dame de-la-Consolation) • Niervèze (beau village de montagne restauré, La Chaumière de Granier : maison du parc des Volcans) • Sites 47 et 49.

Vallée glaciaire de la Cère.

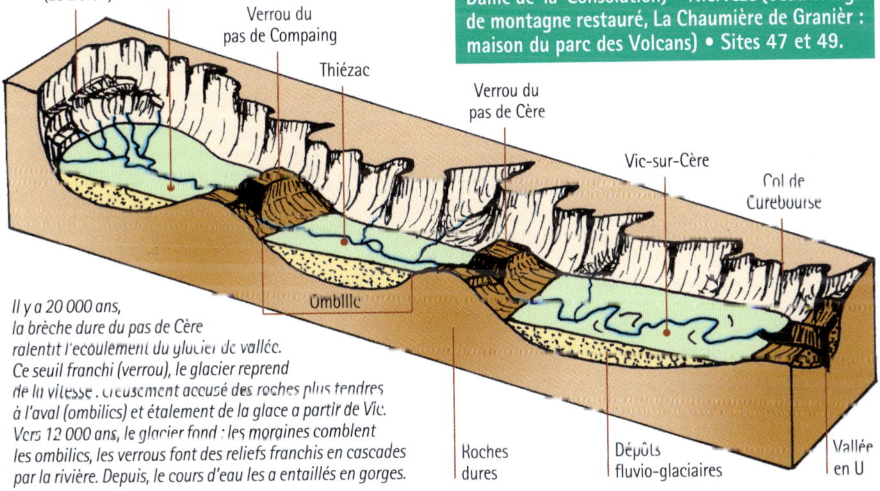

Il y a 20 000 ans, la brèche dure du pas de Cère ralentit l'écoulement du glacier de vallée. Ce seuil franchi (verrou), le glacier reprend de la vitesse : creusement accusé des roches plus tendres à l'aval (ombilics) et étalement de la glace à partir de Vic. Vers 12 000 ans, le glacier fond : les moraines comblent les ombilics, les verrous font des reliefs franchis en cascades par la rivière. Depuis, le cours d'eau les a entaillés en gorges.

Velay

Les formations volcaniques occupent les deux tiers de la Haute-Loire et se prolongent dans les vallées ardéchoises et le Coiron (le volcanisme ardéchois n'est pas abordé dans ce guide).

Les formations du Devès, plus vaste plateau basaltique de France, et celles du Velay oriental, région d'Europe la plus riche en appareils phonolitiques, débordent dans les bassins de l'Emblavez et du Puy, par ailleurs théâtre d'éruptions surtseyennes. Fracturation et érosion ont créé de forts contrastes morphologiques, pour le bonheur des yeux.

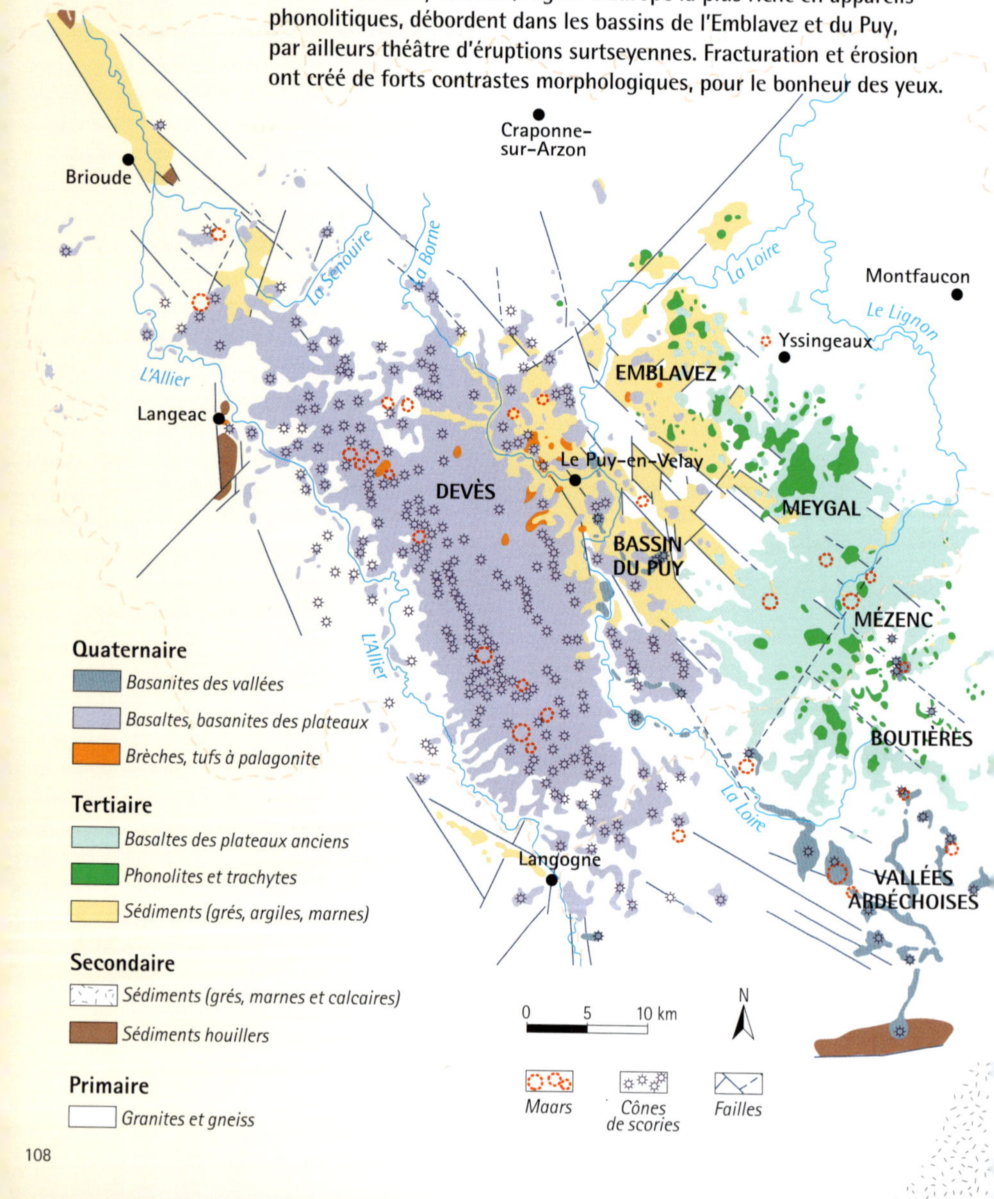

Le plateau du Devès et ses « gardes » :
1. Garde de Bizac
2. La Micezelle
3. Vallée de la Loire

Devès et val d'Allier

Le Devès se situe entre le fleuve Loire et la rivière Allier avec une extension, à l'est, au niveau du plateau d'Alleyrac et, au nord, en direction de Brioude. C'est le plus vaste plateau basaltique français : long de 70 km, il recouvre près de 800 km^2. Son altitude moyenne est proche de 1 100 m, le mont Devès culminant à 1 421 m.

Prolongeant vers le sud-est le volcanisme linéaire d'Auvergne, il s'est édifié par superposition de coulées basaltiques et multiplication des points de sortie de la lave (cônes, anneaux de tufs, maars) : on dénombre près de 200 cônes stromboliens associés à plus de 100 maars.

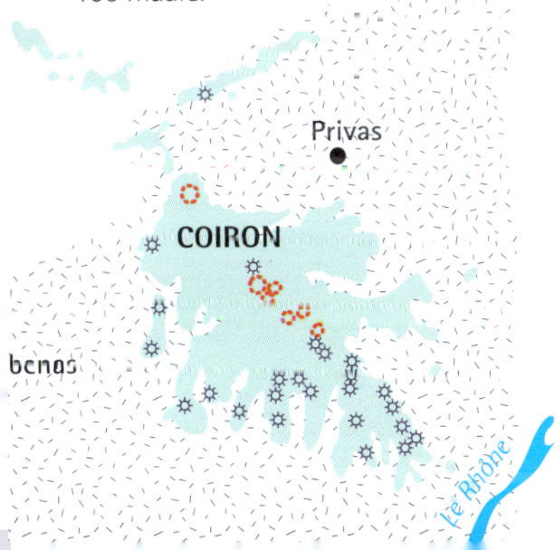

Les datations repèrent le début de l'activité volcanique dès 6 Ma, et sa fin, il y a quelques centaines de milliers d'années. Deux étapes majeures ont mis en place les épanchements basaltiques, autour de 2,1 et de 1 Ma.

Le plateau

Il est construit par l'étalement de nombreuses coulées souvent superposées, correspondant pour l'essentiel à des éruptions fissurales à fort débit (volcanisme effusif). Les énormes flots de lave relâchés ont recouvert les topographies anciennes sur des superficies importantes : ainsi, les coulées ont occupé une grande partie de l'ancien bassin d'effondrement du Puy-en-Velay.

Sur le versant Loire, on observe facilement l'empilement des coulées, parfois sur des épaisseurs considérables (130 m dans le ravin des Fouragettes, près de Goudet). Les premiers épanchements ont occupé les vallées anciennes, comme celle de la Beaume (site 61), et ont été recouverts par les suivants qui ont contribué à régulariser tous les reliefs antérieurs. La Loire et ses affluents ont dû changer de cours à plusieurs reprises et creuser de nouvelles vallées. L'érosion active a fini par percher, par le phénomène de l'inver-

Glossaire : basalte, cône de scories, coulée de lave, cratère, effusif, fontaine de lave, maar, phonolite, pouzzolane, prismation, strombolien, surtseyen, tuf.

Les falaises de Rochegude au-dessus de l'Allier. Partout dans le val d'Allier, ces reliefs correspondent à des empilements de coulées basaltiques descendues du plateau du Devès.

sion de relief, les différents niveaux de coulées.
Sur le versant Allier (Ph.), les coulées descendues des zones d'altitude proches ont cascadé dans d'étroits ravins avant de s'accumuler dans le lit de la rivère et dans celui de certains affluents. Elles se prêtent à l'observation d'une prismation exceptionnelle, sur des épaisseurs parfois remarquables ; c'est le cas à Chanteuges-Saint-Arcons (site 56), à Prades (site 57) ou à Monistrol-d'Allier (site 59).

Les cônes de scories

Pour la plupart, ils se présentent comme des collines isolées, aux formes émoussées, appelées localement « gardes » (Ph. p. 109).
L'exception notable est la longue crête de la chaîne du Devès qui aligne de nombreux cônes jointifs suivant une fissure majeure à l'origine d'une grande partie des flots de lave (belle vue sur la chaîne depuis le mont Denise, site 66).
À l'aplomb de cette fissure, des fontaines de lave fluide, et autres activités, ont contribué à la création de cet axe essentiel du paysage régional.
Des fissures plus modestes ont également laissé échapper des magmas promoteurs de petits alignements par projection et accumulation sur place de paquets de lave fluide.
Quelques édifices permettent encore de percevoir des cratères : le plus représentatif est l'imposant mont Bar (site 51) ; les sucs de Breysse, sur le plateau d'Alleyrac, ont conservé de très beaux cratères égueulés, seulement masqués par le couvert forestier.
Ces édifices sont des cônes isolés, relativement récents, construits en quelques mois par un véritable feu d'artifice projetant rythmiquement des lambeaux de laves un peu moins fluides que les précédentes. Cependant, la plupart des reliefs ont des formes adoucies par l'érosion.
Quelques grandes carrières ont fourni des pouzzolanes largement utilisées dans les travaux publics. Les scories soudées à chaud ont procuré de bonnes pierres de taille, rouges ou noires, autrefois utilisées dans certaines églises et dans l'habitat paysan.

Les cratères d'explosion

Par leur nombre et leur présence originale dans le paysage, les maars constituent une caractéristique importante du Devès.
Certains ont vu s'installer un lac (lac du Bouchet : site 62) qui a parfois évolué en tourbière (marais de Limagne : site 58 ; La Sauvetat : site 65).
D'autres ont été remplis par un lac de lave ou recouverts par la construction d'un cône strombolien. J.-N. B.

Coupe géologique simplifiée du Devès.

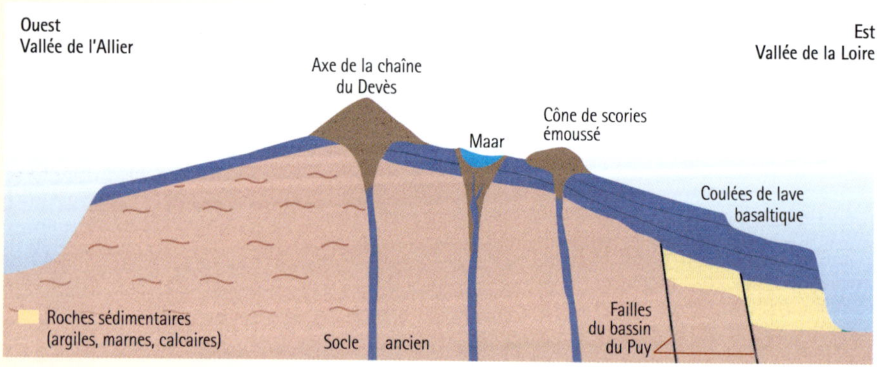

51 Mont Bar

CÉAUX-D'ALLÈGRE

La carrière de Pinet.

En bordure nord du Devès, le mont Bar dresse son cône de scories massif (Ph. p. 42).

Vous observerez :

- **Le cratère,** large de 500 m, profond de 40 m, bien conservé. Fait unique en France pour un volcan strombolien, il accueille une tourbière (panneaux pédagogiques). Dans l'ascension : nombreux cristaux d'olivine, verts, et de pyroxène, noirs.
- **La carrière du mont Bar.** Située dans le bas du cône, elle montre une superposition de couches de cendres, de lapilli et de blocs, de couleur noire, grossièrement stratifiées, provenant d'une activité rythmique, faiblement explosive.

De nombreuses bombes en fuseau contiennent des enclaves du granite sous-jacent et de nombreux nodules de péridotite (Ph. p. 14).

- **La carrière de Pinet (ci-contre).** Elle montre la dernière coulée du mont Bar, âgée de 790 000 ans, superposée aux projections parties loin de l'édifice. Leur épaisseur indique que le volcan a largement saupoudré avant d'émettre des coulées limitées.

Glossaire : bombe, cône de scories, coulée de lave, cratère, explosif, péridotite, strombolien. Fig. 15.

DÉCOUVERTE

Accès : Atlas p. 43/B1

D'Allègre : D 13, direction St-Paulien/Le Puy, sur 1 km. Au bas de la descente, juste avant la voie ferrée : à gauche, direction Céaux-d'Allègre.
Dans Pinet : bifurquer à gauche. Après 1 km : se garer au niveau du virage à angle droit.

1 Observation de la carrière principale depuis l'entrée (⚠ carrière active, interdite au public).

2 Montée au cratère en suivant « Tourbière du mont Bar » et balisage blanc/rouge (0 h 50 ; autre départ à Allègre).

3 En revenant vers Pinet par la même route, à 500 m : vue à droite sur la petite carrière.

Tout près : Allègre (19, sentier de découverte du Mont Bar) • St-Paulien (OT, collégiale XIIe s. et sa polychromie de brèches volcaniques).

52 Mont Baury

ALLÈGRE

Le mont Baury est un cône de scories. Il possède un cratère incomplet au rebord duquel se situe la potence d'Allègre. Elle s'élève précisément sur un ancien point de sortie de la lave.

Vous observerez :

- Un peu au-dessus de la tour : le contact entre des **scories soudées** et la **lave massive**.

DÉCOUVERTE

Accès : Atlas p. 43/B1

Dans Allègre : suivre les fléchages « Potence / Vestiges du château / Table d'orientation ». Se garer sur le parking au pied de la potence.

Observations et panorama : voir texte. Table d'orientation ; panneau d'information historique ; tables de pique-nique.

Tout près : Voir au site 51.

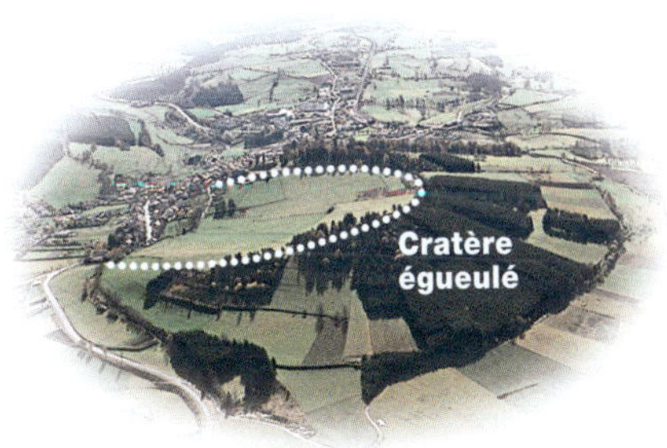

- Par le chemin indiquant *« Aire de pique-nique à 700 m »* : **la forme cratérique du mont Baury** et l'escarpement rocheux de la potence.
- À la table d'orientation : **la masse du mont Bar** (site 51) et, au loin, le plateau basaltique du Devès. Il s'étend en direction du Puy-en-Velay en une succession de collines ou « gardes », marquant les différents events, et de reliefs tabulaires qui ont pour origine d'anciennes coulées de lave.

Glossaire : coulée de lave, cratère, évent, scorie.

53 Coulée de Chilhac

CHILHAC

Cette coulée de 1,6 Ma présente un double intérêt :

• **Son épaisseur** traduit une importante accumulation de lave dans une ancienne vallée.

Le contact entre la coulée et le lit de très gros galets de la paléovallée est visible depuis la rive opposée. Mise en relief par érosion différentielle, la coulée se retrouve perchée au-dessus du réseau hydrographique.

• **Sa prismation** approche la perfection. Les orgues de la colonnade, qui doivent leur régularité aux forces de traction qui se sont exercées au sein de la lave au cours du refroidissement lent, peuvent atteindre ici 7 m de haut.

De petites facettes disposées à leur surface témoignent des ruptures successives. Sous l'action de l'érosion et du prélèvement (pierre à bâtir), la colonnade a reculé, mettant en relief l'entablement de faux prismes.

Glossaire : coulée de lave, prismation.

DÉCOUVERTE

Accès : Atlas p. 42/A1

Depuis la D 41, atteindre le carrefour en haut du village de Chilhac. Prendre à gauche, direction « Village de vacances ». Se garer absolument sur le grand parking à l'entrée de Chilhac.

Descendre la rue sous le parking. Après 100 m, au 1er croisement, descendre à droite jusqu'aux orgues.

Tout près : Paléontologie (musée Guth de Chilhac, fouilles à Chilhac, Blassac, falaises de Blot) • Le Chambon-de-Cerzat (château, canoë-kayak et rafting) • Lavoûte-Chilhac (OT, site du méandre et de l'abbaye) • Églises d'Aubazat (vue), St-Cirgues (fresques XIIIe s.), Blassac (fresques XIVe s.).

54 Mont Briançon

SAINT-ARCONS-D'ALLIER

Ce relief volcanique constitué d'au moins deux édifices jointifs permet d'observer en carrière :

• **Le rythme de construction du cône strombolien.** Il se lit à travers la superposition des couches inclinées, succession de projections plus ou moins triées en fonction de l'éloignement du cratère (lui-même difficile à repérer).

• **Les scories au faciès « cœur de cône ».** Leur couleur rouge vif traduisant la proximité de l'ancien évent contraste avec le noir des scories du faciès « bas de cône », visibles à l'extérieur de la carrière.

• **Les nombreuses bombes volcaniques en fuseau** et, parfois, en bouse de vache. Certaines contiennent des enclaves de péridotite.

Glossaire : bombe, cône de scories, péridotite, scorie, strombolien.

DÉCOUVERTE

Accès : Atlas p. 42/A2

À Langeac : D 590, direction Le Puy-en-Velay ; puis, à droite, direction Navat/Siaugues/St-Romain. Se garer au pied de la carrière (⚠ carrière clôturée, interdite au public).

Observation aisée de la carrière depuis la route.

Tout près : Vissac (église XIVe s.).

55 Colline Saint-Roch

LANGEAC

Après de belles haltes géologiques témoignant d'éruptions intervenues en surface sous une grande quantité d'eau (éruptions surtseyennes), la balade finit en belvédère sur le bassin de Langeac au sommet de le colline Saint-Roch.

Bien conservée car protégée de l'érosion par un chapeau basaltique (photo en vignette), la colline est constituée des formations hyaloclastiques caractéristiques des éruptions surtseyennes.

Au sommet, point de vue et, en vignette, chapeau basaltique.

Carrière centrale B.

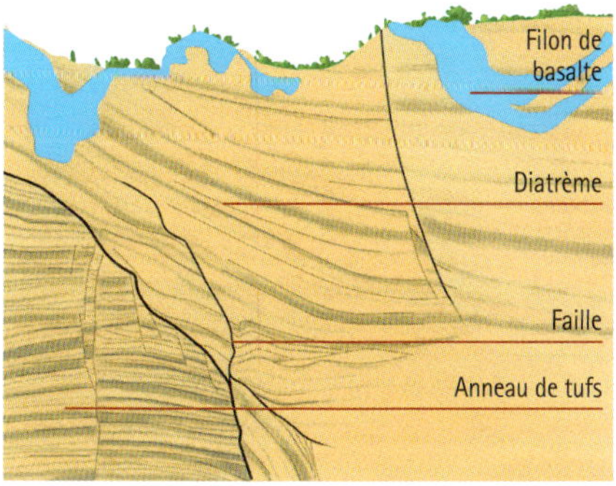

Elles sont visibles dans la carrière centrale B :

- **Un anneau de tufs lités.** C'est une superposition régulière de lits pluridécimétriques organisée en anneau.
- **Une cheminée de brèches ou diatrème.** Il présente de nombreuses couches accumulées, faillées et déformées dans l'ancien point de sortie de la lave. Tufs et brèches sont faits de lambeaux de verre basaltique dans un ciment argileux jaunâtre (palagonite), résultant de la fragmentation et de l'intense hydratation des projections de lave.
- **Des filons de basalte noirs, datés à 6,3 Ma.** Ils recoupent l'ensemble des formations précédentes.

Glossaire : brèche, diatrème, éruptions, hyaloclastite, surtseyen, tuf.

MICROBALADE

Accès : Atlas p. 42/A2

À Langeac : D 590, direction Pinols/St-Flour. 500 m après le pont SNCF : se garer au niveau de la maison de retraite.

Boucle : 1 km • 0 h 20
• 535 m à 585 m • pas de balisage
• ⚠ carrières.

D Traverser la D 590 et suivre la petite route direction Chadernac. Juste après le muret : à gauche par le sentier informel passant au pied de deux carrières principales (A : beau litage ; B : voir texte). Poursuivre jusqu'au sommet (chapeau lavique, calvaire, table d'orientation, vue : Ph.). Par la sente du flanc sud, au dos du calvaire, rejoindre la route.

Tout près : Langeac (OT, collégiale, maisons en pierres de la colline, promenade de l'île d'Amour, train touristique des gorges de l'Allier : vues uniques).

56 Coulées de Chanteuges

CHANTEUGES

Trois niveaux de coulées face à Chanteuges.

Chanteuges, avec ses calades montant vers l'imposante abbatiale Saint-Marcellin, est construit sur une coulée perchée, installée dans une ancienne vallée de la Desges.

Les fenêtres du cloître s'ouvrent sur un **empilement de coulées** qui ont dévalé par les différentes vallées. Ces épanchements ont débuté il y a plus de 3 Ma pour s'achever il y a 600 000 ans. Les rivières, qui ont recreusé leur lit depuis, n'ont laissé que des empilements et lambeaux de coulées isolées dont la plus ancienne se retrouve au niveau de l'Allier, témoignant ainsi du faible creusement de la vallée depuis 3 Ma.

Glossaire : coulée de lave.

DÉCOUVERTE

Accès : Atlas p. 42/A2

À Chanteuges : à gauche, par le pont sur la rivière. Suivre le fléchage « Abbaye ». Se garer à l'entrée du prieuré, ou au cimetière.

1 Dans l'enceinte de l'abbaye, depuis les fenêtres du cloître : vue d'ensemble des coulées de l'autre rive.

2 Au petit col sous le site : beau lit de galets perché.

3 Depuis la plage (accès : au carrefour de La Cambuse, prendre direction St-Arcons ; puis immédiatement à gauche, gagner l'aire de camping ; parking) : observation rapprochée des coulées (Ph.).

Tout près : Vallée de la Desges (abbayes de Chanteuges et de Pébrac, villages de Chazelles et Desges) • St-Arcons.

57 Rocher de Prades

PRADES

L'énorme masse de la roche Servière, dite rocher de Prades, superpose un entablement très développé à une colonnade particulièrement impressionnante. Le **profil général en forme de V** de grande ampleur, facilement discernable sur la droite de l'affleurement, indique que la lave a moulé un ancien lit de rivière et s'y est accumulée.

À la base, des **brèches volcaniques jaunâtres** témoignent de l'activité explosive d'un volcan proche, avant la mise en place de la coulée. Dans la rivière, vous remarquerez les **blocs décamétriques effondrés** du rocher.

Glossaire : brèche, coulée de lave, prismation.

DÉCOUVERTE

Accès : Atlas p. 43/A2-B2

À Chanteuges, direction St-Arcons puis D 48, direction Prades. Traverser Prades. Se garer sur le parking à droite du pont sur l'Allier.

Depuis la plage : très belle vue sur le rocher.

Tout près : Gorges de l'Allier par la D 40 • Prades (château ruiné, église romane, bâti en lave et en granite dit « à dents de cheval ») • Ste-Marie-des-Chazes (chapelle XIe-XIIe s. avec clocher-porche copiant la cathédrale du Puy) • St-Julien-des-Chazes (église romane).

58 Marais de Limagne

SAINT-JEAN-DE-NAY

Le sentier de découverte propose un panorama sur les régions volcaniques du Velay ainsi que des panneaux sur l'histoire volcanologique du marais de Limagne. La microbalade se concentre sur l'épisode de l'ouverture du maar, avec un bel affleurement.

Le maar qui a marqué définitivement le paysage du marais de Limagne résulte de la rencontre en profondeur d'un magma et d'eau en faible quantité (phréatomagmatisme).
Dans la carrière B, des panneaux interprètent les dépôts de tufs caractéristiques.

Remarquez :
- **La superposition de couches** indiquant le caractère rythmique des explosions.
- **Les figures d'impacts** sous les bombes en chou-fleur, trempées au contact de l'eau.
- **Les figures d'antidunes et les stratifications entrecroisées** dues au passage de déferlantes (Fig. site 65).
- **La présence d'enclaves de socle** et de péridotite.

Dans la deuxième moitié du cheminement, apparaît le vaste cratère visible en C.

Glossaire : bombe, déferlante basale, maar, périodite, phréatomagmatisme, tuf.

M I C R O B A L A D E

Accès : Atlas p. 43/B2

De St-Jean-de-Nay, direction Beyssac et Marais de Limagne. Se garer sur le parking de la croix des Yeux (A ; vue : Mézenc, bassin du Puy et Emblavez).

Aller-retour : 1 km
• 0 h 20 • 1 120 à 1 140 m
• balisage : sentier de découverte.

D Descendre dans la carrière B.
Monter le chemin indiqué par les panneaux.
Tourner à gauche, puis à droite jusqu'à C.

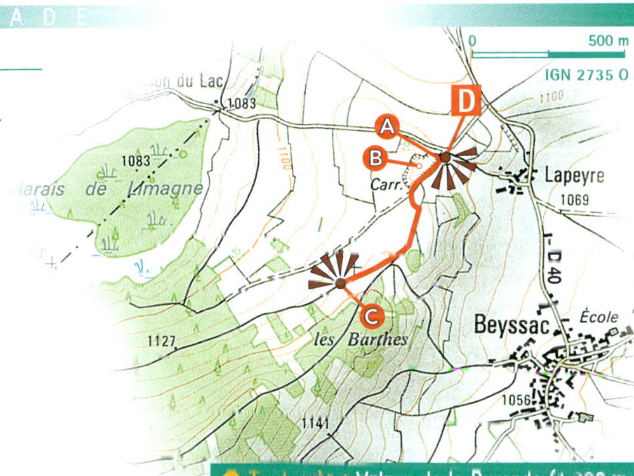

Tout près : Volcan de la Durande (1 299 m, table d'orientation, panorama : Mézenc, Forez, Margeride, plomb du Cantal, Sancy, puy de Dôme).

59 Coulées de Monistrol

MONISTROL-D'ALLIER

Vous cheminez au-dessus de l'Allier, dans un paysage chaotique créé par la puissance érosive de la rivière qui a mis en relief et démantelé d'épaisses coulées basaltiques.

Des coulées de basalte ont emprunté le lit d'anciens affluents de l'Allier ou rejoint le lit de cette dernière, provoquant, à différentes époques, plusieurs barrages naturels.
C'est le cas pour la masse de basalte mise au jour par l'exploitation de l'ancienne carrière de la Madeleine. La **coulée de la Madeleine** a été émise par le volcan d'Escluzels. L'épaisseur de ces coulées de vallées peut atteindre plusieurs dizaines de mètres, et leur refroidissement a pu se produire sur de très longues durées : le **rocher du Lion** en constitue un bel exemple, avec son entablement confus de faux prismes surmontant classiquement une colonnade régulière.
Le creusement de la rivière a perché ces coulées sous forme de falaises grises et les a parfois disloquées en **chaos de blocs énormes** (Ph. et Fig.) : ils apparaissent au gré du cheminement sur le sentier des orgues.

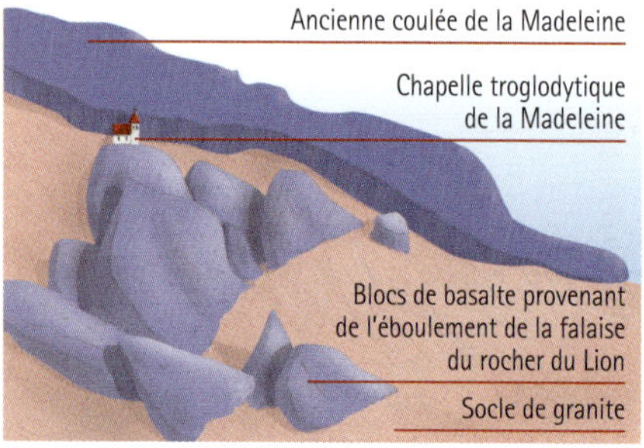

Glossaire : basalte, coulée de lave, prismation.

MICROBALADE

Accès : Atlas p. 43/B3

À Monistrol-d'Allier, trouver à se garer, sans gêner, dans le centre du village (il n'existe pas de parking).

Boucle à faire quand la végétation est peu abondante : 1,8 km • 0 h 50 • 600 à 670 m • pas de balisage.

D Du centre-bourg, reprendre l'ancienne départementale, mais descendre immédiatement à droite vers le moulin (indiqué « Sens interdit »). Monter la petite route jusqu'au premier lacet où l'on emprunte le sentier dans la végétation. Arrivé au chemin d'exploitation de la carrière, prendre à gauche et revenir par la route.

Tout près : Chapelle de la Madeleine • Monistrol (OT, sport en eau vive, baignade sous le rocher Bernard) • Rochegude (chapelle romane et tour ruinée du XIIIe s.) • St-Didier-d'Allier (maison d'assemblée).

60 Table de Montfaucon

ALLEYRAS

Vous empruntez un sentier de découverte qui conduit à la table de basalte de Montfaucon, aujourd'hui en surplomb de l'Allier sous forme d'un petit plateau offrant quelques points de vue.

La table de Montfaucon représente un lambeau d'une coulée de vallée mise en place il y a 275 000 ans.
Son point d'émission devait se trouver près du volcan du Moulard situé en contre-haut.

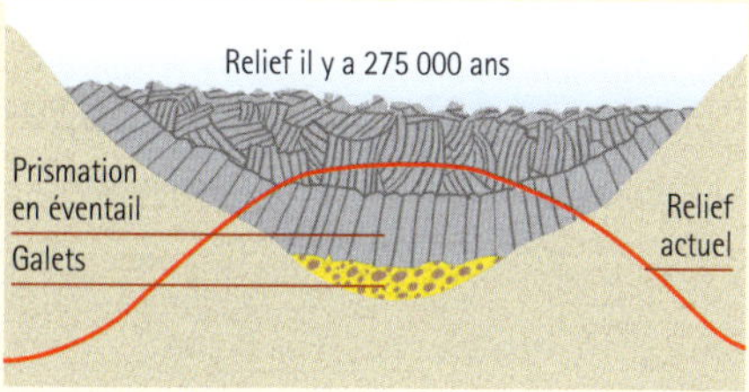

Profil d'érosion.

Vous observerez :

- **La prismation en éventail** de part et d'autre de l'axe présumé d'écoulement : les orgues sont disposées perpendiculairement aux versants de l'ancienne vallée qui constituaient alors la surface de refroidissement.
- Au retour, sous vos pieds, les **galets sous-jacents** qui matérialisent un lit de rivière ancien, probablement celui de l'Allier. Après refroidissement, la coulée a été largement entaillée par le creusement de l'actuelle vallée (profil d'érosion). Au Pont-d'Alleyras, en aval, en rive gauche, on retrouve un autre lambeau de cette coulée dans la continuité de Montfaucon.

Glossaire : coulée de lave, prismation.

MICROBALADE

Accès : Atlas p. 43/B4

Au Pont-d'Alleyras : direction « Camping/Village-Vacances ». Se garer au niveau du camping.

Boucle à faire quand la végétation est peu abondante : 0,5 km
• 0 h 10 • 675 à 715 m
• balisage : sentier de découverte.

D Du panneau à l'entrée du village de vacances. Monter à gauche ; rejoindre le plateau.
Redescendre par un sentier permettant d'observer la coulée.

Tout près : Route le long de l'Allier, du Pont-d'Alleyras (vallée ennoyée par la retenue de Poutès) à St-Privat-d'Allier (gorges).

61 Cascade de la Beaume

SOLIGNAC, LE BRIGNON

Après un parcours forestier et encaissé le long de falaises de basalte qui superposent entablement et colonnade, vous atteignez l'une des plus belles cascades volcaniques de la région.

Les falaises représentent un ensemble de coulées mises en place dans une vallée ancienne dont on retrouve localement les alluvions (sable et galets).
On voit ici jouer le principe de l'érosion régressive : en relation avec l'encaissement du lit de la Loire, toute proche, le ruisseau de l'Ourzie ou de la Beaume a entaillé les différentes coulées.
La puissante barre de basalte constitue à ce jour un seuil de roches résistantes, à l'origine de la formation de la cascade.

Au pied de la falaise la plus haute, des fouilles ont permis d'étudier les modes de vie des chasseurs préhistoriques, installés en position d'abri, il y a plusieurs dizaines de milliers d'années.

Coulée de la Beaume.

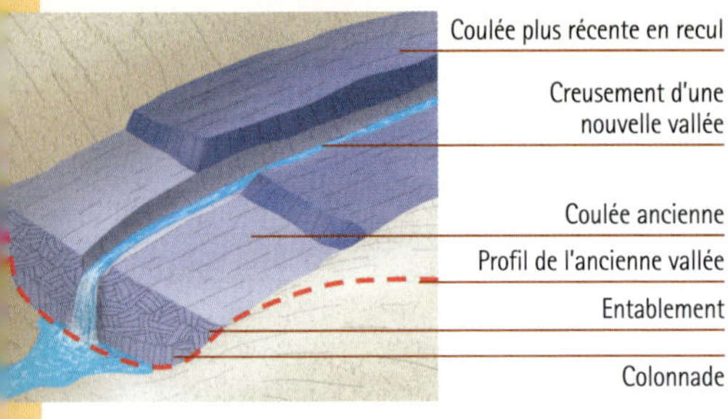

Glossaire : basalte, coulée de lave.

MICROBALADE

Accès : Atlas p. 43/C3-D3

À Solignac : direction Le Brignon. 2 km après Agizoux : se garer au niveau du petit pont dans le lacet.

Aller-retour : 2,5 km • 0 h 50 • 860 à 780 m • pas de balisage au jour de l'édition, mais projet d'aménagement.

D Au pied du pont, descendre le chemin forestier. Traverser deux fois le ruisseau (passerelles en projet). Délaisser les amorces de chemin sur la droite et dépasser largement le lieu de la cascade repérable au bruit. Au bas de la pente, bifurquer à droite dans le grand pré et rejoindre la cascade masquée par les arbres.

Tout près : Par la D 54, jusqu'à Cussac : gorges supérieures de la Loire • Sur la N 88, direction Taulhac : vue à droite sur la vallée et belvédère des gorges du Lion sur Le Puy.

62 Lac du Bouchet

CAYRES, LE BOUCHET

Le beau lac du Bouchet, entouré de forêts de conifères, est installé dans un cratère de maar ouvert il y a 300 000 à 400 000 ans ; il pourrait représenter un des derniers événements volcaniques de la chaîne du Devès.

Le lac n'est profond que de 28 m, mais il cache un remplissage sédimentaire de près de 50 m, correspondant aux vases accumulées depuis sa formation. De nombreux carottages ont apporté des informations sur l'évolution des paysages végétaux proches (par l'étude des pollens fossiles) et sur les variations du champ magnétique terrestre.

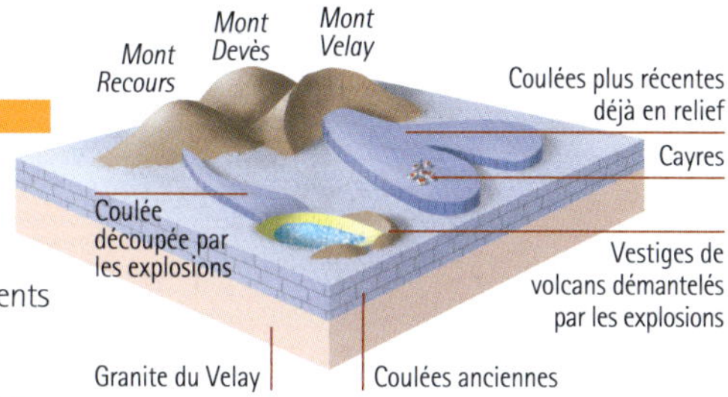

Autour du lac, des tables d'interprétation vous informent sur les modalités de mise en place du maar, l'histoire du niveau du lac, les travaux scientifiques, les pollens, les histoires et légendes liées au site.

Glossaire : maar.

DÉCOUVERTE

Accès : Atlas p. 43/C4

À Cayres : suivre les panneaux « Lac du Bouchet ».
Se garer juste avant d'arriver au lac (bar-restaurant).

1 Tour du lac par le sentier de découverte (0 h 50).
2 Sentier du Garou.

Tout près : Au lac (pêche, baignade, pédalos) • Croix de la Chèvre (1 302 m, belle vue sur le lac et les environs) • Cayres (OT, église XIXe s. en lave rouge) • Chacornac (bâti rural en tuf et basalte massif) • Mont Recours (table d'orientation).

63 Coulée de Goudet

GOUDET

La coulée de Goudet a été émise sur le plateau d'Alleyrac par le cône égueulé du grand suc de Breysse. Elle est descendue du plateau en cascadant dans un étroit ravin pour s'installer dans un lit presque actuel de la Loire.
En dehors du cadre charmant où elle apparaît, son intérêt est triple :

DÉCOUVERTE

Accès : Atlas p. 43/D4

À Costaros : D 49, direction Ussel/Goudet.
Juste avant le pont sur la Loire : à gauche.
Se garer au niveau de la plage.

Depuis la plage : observation de la coulée située sur l'autre rive.

Tout près : Goudet (pêche, baignade, château de Beaufort, Archéologis) • Le Monastier-sur-Gazeille (OT, laves polychromes de l'ancienne abbatiale St-Chaffre et basalte du château).• Site 64.

- **elle fossilise une terrasse d'alluvions,** 5 m au-dessus du cours actuel de la Loire ;
- elle pourrait représenter **un des événements volcaniques les plus récents** de la région ;
- elle présente une **colonnade** dont l'ordonnance des prismes est perturbée par les inégalités de sa surface de base et les derniers mouvements l'ayant affecté (Ph. p. 43).

Glossaire : cône de scories, coulée de lave, prismation.

64 Site d'Arlempdes

ARLEMPDES

Point d'orgue d'un site paysager remarquable, le rocher d'Arlempdes élève son village et son château à plusieurs dizaines de mètres au-dessus de la Loire. La microbalade propose un belvédère sur ce site.

La nature basaltique du rocher se révèle par la couleur noire de la roche et la présence de nombreux prismes grossiers.

Cette masse de basalte s'est mise en place dans le granite, selon des modalités encore discutées : on évoque, entre autres, **un reste de lac de lave** ancien, piégé dans une structure cratérique déblayée par le creusement de la Loire (les très gros galets de granite et de basalte sur ses rives témoignent du caractère torrentueux de son cours supérieur).

Le **changement de direction opéré par le fleuve** en aval du site est dû à la mise en place des coulées du Devès aujourd'hui perchées au-dessus de la vallée.

Glossaire : basalte, prismation.

MICROBALADE

Accès : Atlas p. 43/D4

À Costaros : D 54, direction Ussel, puis suivre les panneaux « Site d'Arlempdes ». Se garer sur le grand parking au-dessus du village.

Boucle : 2,2 km
• 0 h 45 • 820 à 900 m
• balisage partiel rouge/blanc et/ou jaune.

D Monter la petite route du cimetière, traverser la départementale et monter tout droit.

1 À la maison : à gauche, suivre le balisage jaune.
Au croisement suivant (belvédère sur le site), descendre tout droit (belle vue : la Loire, le suc de Montfol).

2 Bifurquer à gauche en délaissant le balisage rouge/blanc pour le jaune.

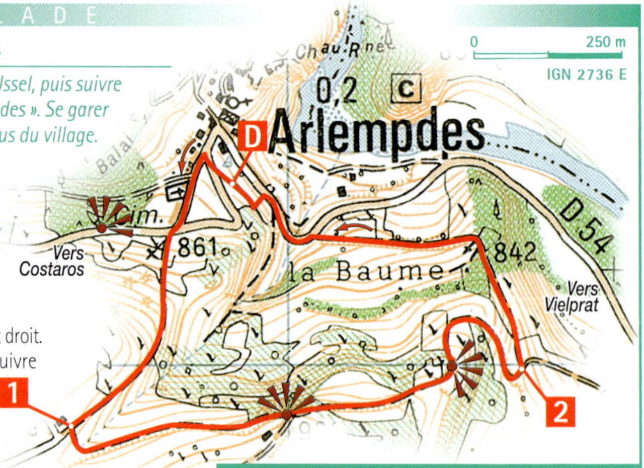

Tout près : Arlempdes (bureau d'information touristique l'été, patrimoine bâti, site naturel majeur : visites guidées faune/flore l'été, petite plage) • Lac d'Issarlès.

65 Maar de La Sauvetat

LANDOS

À 1 140 m d'altitude, ce site en cuvette évasée est un des cratères de maar les plus impressionnants du Velay : son diamètre avoisine 1,5 km et sa profondeur exceptionnelle de 90 m provient du drainage efficace par le ruisseau des Fouragettes.

Les dépôts visibles en carrière présentent les figures caractéristiques décrites pour le site 58.
Parmi ces figures, vous remarquerez les antidunes : dans les éruptions phréatomagmatiques, une partie des produits éjectés est entraînée loin de l'évent, à ras du sol, par l'expansion latérale des gaz (c'est la déferlante basale) ; parfois, le souffle dépose ces produits en bourrelets dissymétriques (les antidunes) dont les pentes raides sont tournées concentriquement vers l'évent.

Les dépôts bien lités de la carrière.

Formation d'une antidune.

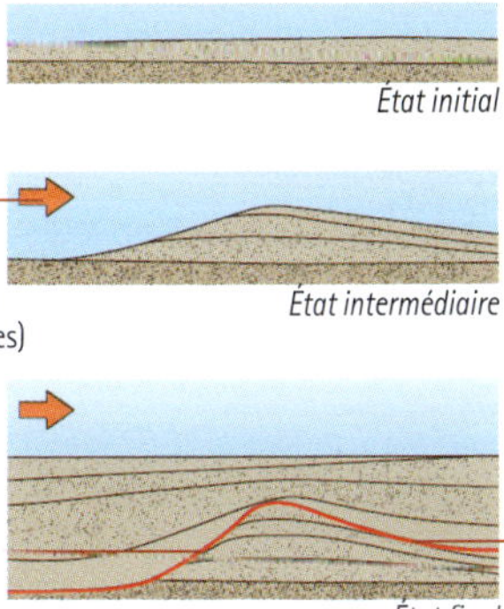

Glossaire : déferlante basale, évent, maar, phréatomagmatisme.

D É C O U V E R T E

Accès : Atlas p. 43/C4

À La Sauvetat : prendre sur 100 m la route direction Les Soulis/Arlempdes. Se garer au carrefour de chemins.

Depuis le point de stationnement : vue large sur le maar et l'ancienne carrière (⚠ interdite au public).

Tout près : Églises romanes de Landos (portail), St-Haon et St-Paul-de-Tartas (clocher, mur-peigne) • Marais de Landos.

Maar occupé dans sa partie centrale par une tourbière autrefois exploitée.

Bassins du Puy et de l'Emblavez

Nous sommes dans le rift de Haute-Loire, diverticule du rift ouest-européen évoqué en introduction générale. Au tertiaire, un ensemble de failles, orientées ici nord-ouest/sud-est a compartimenté le Velay : certains éléments ont été abaissés (bassins d'effondrement du Puy, de l'Emblavez, où argiles, marnes et calcaires ont sédimenté) ; d'autres ont été exhaussés (horst de Chaspinhac).

Le bassin de l'Emblavez et les sucs. Vue vers le sud-est depuis le suc de Bartou (site 69). En blanc, un escarpement de faille.

Les événements cassants se sont accompagnés d'activités magmatiques dont les plus originales sont les éruptions surtseyennes liées à l'existence de lacs dans le rift. Les reliefs résiduels que sont les rochers du Puy (site 67) et de Polignac (site 66) sont de ce type et marquent magnifiquement le paysage régional.

Le bassin du Puy est par ailleurs cacheté en partie par l'empilement basaltique du Devès, tandis que l'Emblavez est principalement marqué par l'activité volcanique ancienne du Velay oriental.

Le bassin du Puy

Il se présente comme un creux large d'environ 15 km, recouvert à l'ouest par le plateau du Devès, largement mis en relief par l'érosion, et délimité à l'ouest par le plateau granitique de Chaspinhac.

Des sédiments sableux et argileux s'y sont accumulés, parfois sur des épaisseurs importantes, à la suite des mouvements d'effondrement ou de l'installation de barrages par les coulées. Ces événements ont eu pour corollaires des modifications du cours de la Loire et de ses affluents qui ont conditionné l'apparition de zones lacustres relativement peu profondes, au villafranchien (entre 3 et 1 Ma ; dépôts très riches en fossiles de faunes de mammifères).

Ces lacs temporaires ont été le cadre d'éruptions, dites surtseyennes, liées à la rencontre de l'eau et de magmas basaltiques empruntant des lignes de faille réactivées.

Par la suite, au cours des derniers 2 Ma, l'érosion a largement enlevé les parties tendres des édifices pour ne laisser parfois que des vestiges de cheminée quasi cylindriques, dits necks, comme les rochers du Puy (Ph. p. 123) et de Polignac.

Coupe géologique simplifiée des bassins du Puy et de l'Emblavez.

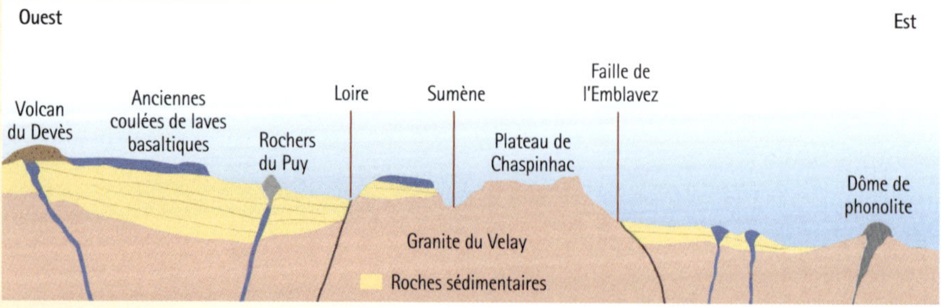

À l'exemple du rocher Corneille, au Puy, certains reliefs exploités en carrières ont fourni une excellente pierre de taille pour les principaux monuments de la ville et de ses environs, à l'époque romane notamment.

Les inondations temporaires terminées, les fissures ont repris de la vigueur pour donner naissance à des cônes stromboliens qui se sont parfois superposés aux précédents volcans, comme c'est le cas pour le mont Denise (site 66).

Des coulées de lave basaltique ont alors occupé les points bas du relief (plaine de Rome, au Puy : site 67).

Le rocher d'Aiguilhe et la chapelle Saint-Michel au Puy-en-Velay.

Le bassin de l'Emblavez

Séparé du bassin du Puy par le horst de Chaspinhac, le bassin de l'Emblavez présente des caractéristiques proches en ce qui concerne les roches sédimentaires, où dominent les argiles, et certains reliefs volcaniques résiduels.

Il associe :

- des reliefs volcaniques anciens (13 à 14 Ma) liés à la mise en place du volcanisme du Velay oriental. Ce sont principalement des dômes de trachyte ou de phonolite, appelés localement sucs (Ph. p. 122) ;
- des éléments plus récents rattachés au Devès. Ce sont essentiellement de courtes coulées émises par des fissures. Aujourd'hui, malgré leur âge relativement récent (1 à 2 Ma), elles constituent de petites tables perchées qui contrastent avec les lourdes formes des sucs.

Plus au nord, le plateau de Craponne-sur-Arzon conserve encore quelques reliefs volcaniques isolés. Une des dernières marques se situe dans le petit bassin de Saint-Julien-d'Ance où se superposent deux niveaux de coulées anciennes. J.-N. B.

Le bassin du Puy :
1. Le Puy-en-Velay et le rocher Corneille (site 67)
2. Plateau de Cheyrac-Tressac (site 68)
3. Mont Denise (site 66)
4. Rocher de Polignac (site 66)

Glossaire : basalte, cheminée, cône de scories, coulée de lave, dôme, neck, phonolite, strombolien, surtseyen, trachyte.

66 Mont Denise et rocher de Polignac

POLIGNAC

Le site de Polignac (reste d'un anneau surtseyen), vu depuis la Denise.

Le mont Denise et le rocher de Polignac sont deux belvédères sur le bassin du Puy.

La Denise est un édifice strombolien émoussé, installé dans un ancien maar (tufs blancs, au nord). Il est éventré par une carrière de pouzzolanes montrant l'empilement des strates de scories (nombreuses bombes en fuseau) recoupé par de petits filons.

Son sommet constitue un excellent belvédère sur :

- **Au nord, Polignac et ses environs.** Le paysage est marqué par des reliefs volcaniques tabulaires, édifiés dans l'eau (volcanisme surtseyen) et constitués de brèche de couleur brun-jaunâtre.

La carrière du mont Denise.

À Polignac, vestige très érodé d'un ancien anneau de tufs hyaloclastiques, de vastes panneaux de brèche s'inclinent vers le centre de la table, indiquant que ce relief se situe dans la partie haute d'une ancienne cheminée ;

- **À l'est, le Puy-en-Velay** (site 67).
- **À l'ouest, le vaste plateau volcanique du Devès** (p. 109). Vous repérerez les rebords de falaises basaltiques, perchés par le creusement de la vallée de la Borne, puis, au loin, les gardes émoussées et la chaîne du Devès.

Glossaire : basalte, brèche, hyaloclastite, maar, pouzzolane, scorie, strombolien, surtseyen, tuf.

DÉCOUVERTE

Accès : Atlas p. 45/A4

Du centre-ville du Puy-en-Velay : N 102, direction Brioude/Clermont-Ferrand.
1 km après le pont sur la rivière, prendre la rue à droite indiquée « Polignac, 3 km », puis la rue à gauche indiquée « La Malouteyre ».
Monter sans jamais bifurquer la petite route en lacets du mont Denise. Se garer au sommet.

Du sommet, en traversant la pinède : vue sur la carrière et sur le Devès.

Tout près : Voir au site 67.

67 Belvédère sur Le Puy

POLIGNAC, AIGUILHE

Avant la visite de la ville sainte et l'ascension de ses rochers, il est agréable de contempler ce site urbain exceptionnel depuis la plaine de Rome, l'un des nombreux plateaux volcaniques qui délimitent le creux du Puy-en-Velay.

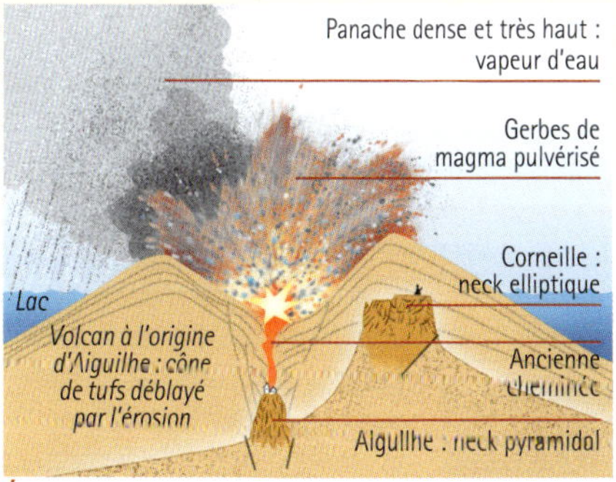

Éruptions surtseyennes au Puy.

L'érosion, qui a contribué à percher ces anciennes coulées de lave, a aussi décapé les argiles du bassin pour ne laisser aujourd'hui que les parties les plus résistantes des appareils volcaniques en place. Le creux du Puy se trouve ainsi hérissé de vestiges (necks) de cheminées (diatrèmes), comme le rocher Saint-Michel et le rocher Corneille qui correspondent aux parties profondes de volcans surtseyens construits dans des lacs temporaires. Ces deux rochers sont alignés sur une fracture nord-ouest/sud-est avec un troisième pointement, la Roche-Arnaud (sud-est). La roche qui les constitue, dite « brèche du Puy » est un tuf hyaloclastique à blocs cimenté de palagonite.

Façade de la cathédrale du Puy. Contrairement aux basaltes, les brèches se prêtent bien à la taille. La diversité des teintes crée un effet de mosaïque d'un grand intérêt esthétique.

Glossaire : cheminée, coulée de lave, diatrème, hyaloclastite, neck, surtseyen, tuf.

D É C O U V E R T E

Accès : Atlas p. 45/A4

Depuis le carrefour de la Malouteyre (voir accès site 66) : monter au sommet de la côte, direction Polignac. Au carrefour à plusieurs branches : à droite par la rue principale. Après 400 m : se garer aisément (pas de parking) au niveau de l'impasse de la falaise (panneau « Sens interdit sauf riverains »).

Du point de stationnement : panorama dit de la plaine de Rome sur les rochers du Puy.

Tout près : Le Puy (OT, 20, cathédrale et ville sainte, bâti en « brèche du Puy », rocher d'Aiguilhe : vue et chapelle St-Michel X-XIIe s.) • Orgues d'Espaly • Ceyssac (neck avec grottes romaines et vestiges d'un château XIe s. et d'une église troglodytique) • Polignac (château, vue sur la Denise et le rocher Corneille).

68 Cheyrac-Tressac

POLIGNAC

Arrière plan : volcan surtseyen à l'origine du plateau de Cheyrac

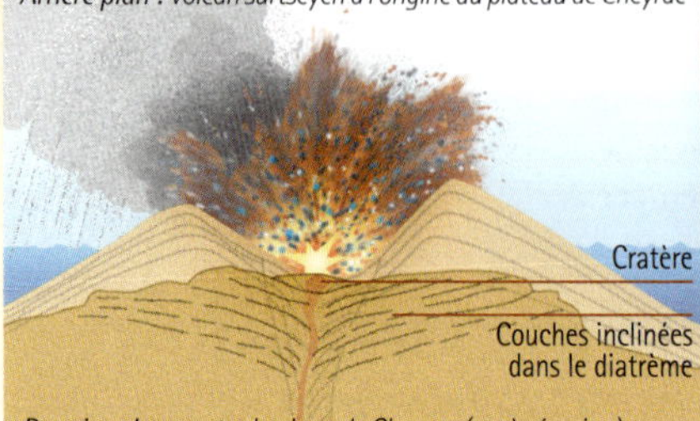

Premier plan : actuel volcan de Cheyrac (après érosion)

Sec, ensoleillé, offrant une belle vue, le plateau de Tressac est le vestige d'un anneau de projections de laves boueuses provenant de la rencontre entre eau et magma au niveau du cratère (éruption surtseyenne).

Les projections se sont produites sous forme de gerbes noirâtres mêlant cendres et blocs refroidis brutalement au contact de l'eau, avec émission de grandes quantités de vapeur d'eau.
Elles ont construit un anneau de projections dont la périphérie a disparu, mais dont les vestiges sont visibles tout au long de la promenade. Ils apparaissent sous forme d'un **empilement de lits de tufs hyaloclastiques** de couleur brun-jaunâtre, parfois sub-horizontaux (Ph. ci-dessous), de part et d'autre du point de sortie.
La forme en cuvette évasée, au centre du plateau (Fig. et Ph. ci-dessus) matérialise la présence du **cratère**, vaste coupe incomplète laissant au regard les nombreux panneaux effondrés vers le centre de la structure.
Cette disposition bien perceptible dans le paysage proche traduit un des derniers mouvements de glissement et d'enfoncement des couches dans la cheminée au moment de l'éruption.

Glossaire : diatrème, hyaloclastite, surtseyen, tuf.

MICROBALADE

Accès : Atlas p. 45/A3-A4

Depuis le site 67 : revenir au carrefour au sommet de la côte et continuer tout droit par la D 13, direction Polignac. Au pied du village de Polignac : C 5 à droite, direction Tressac/Chambeyrac. Au panneau d'entrée du village de Tressac : à droite. Se garer en bord de route juste après le garage automobile.

Aller-retour : 1 km • 0 h 20 • 740 à 790 m • pas de balisage • ⚠ pâturages à moutons.

D Monter le chemin goudronné (impasse donnant accès à quatre maisons). Quand il s'infléchit horizontalement, le quitter par la droite pour monter un sentier peu marqué. Passer la clôture et la refermer. Rejoindre le centre du volcan.

Hors circuit : tour pédestre complet du volcan par Cheyrac (1 h 10) : vue d'ensemble des remparts de la structure.

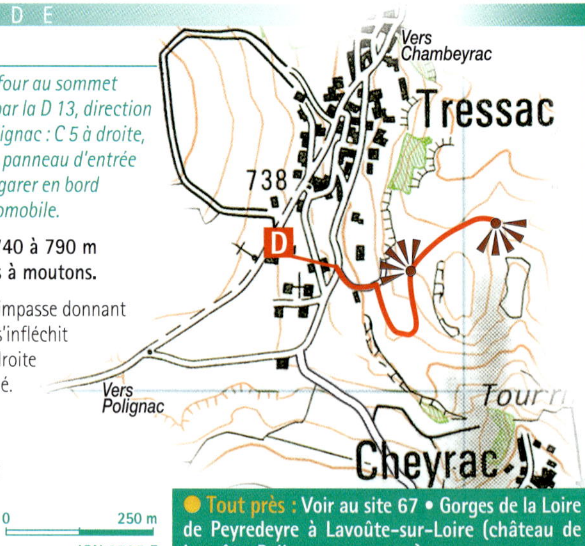

Tout près : Voir au site 67 • Gorges de la Loire de Peyredeyre à Lavoûte-sur-Loire (château de Lavoûte-Polignac XVIe-XIXe s.).

69 Bartou et Costaros

CHAMALIÈRES-SUR-LOIRE

Après l'ascension forestière du suc de Bartou, vous découvrirez, à travers le panorama du sommet, combien ce dôme et son voisin, celui de Costaros, s'intègrent dans le paysage des sucs phonolitiques du bassin de l'Emblavez.

Rocher de Costaros vu depuis le suc de Bartou.

Bartou et Costaros se sont mis en place à travers des formations argileuses, il y a environ 13 Ma. Ils correspondent à des accumulations de lave visqueuse au-dessus de points de sortie ; leur **forme en fer à cheval** s'expliquerait par la présence d'une cheminée complexe en deux parties. De l'édifice initial, l'érosion n'a laissé que ces deux racines alignées au-dessus de lignes de failles.

Les rochers présentent un **débit en dalles** acquis lors de mouvements tardifs, au cours du refroidissement d'une lave très visqueuse. Chaque dalle contient aussi un **débit en feuilles** caractéristique des roches de nature phonolitique. Ces dalles ont été localement utilisées comme pierres à bâtir.

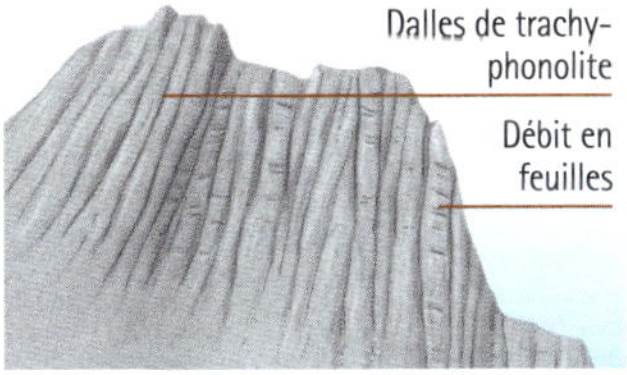

Glossaire : cheminée, dôme, phonolite.

MICROBALADE

Accès : Atlas p. 45/B3

À Chamalières-sur-Loire : D 35, direction Blanhac/Rosières. Au carrefour à plusieurs branches, en haut de la côte : suivre « Rocher de Costaros ». À Varenne, se garer sur le parking indiqué.

Aller-retour : 2,2 km • 0 h 50 • 820 à 984 m • balisage : sentier de découverte avec panneaux numérotés.

D Monter la petite route, traverser Le Chomeil et, à la maison au toit de lauzes (station 2240), prendre à gauche le chemin jusqu'au col (carrefour de chemins avec pancarte « Varennes, 0,8 km »). Bifurquer à droite et, par le sentier en lacets, gagner le sommet (vue imprenable sur les sucs du Velay).

Hors circuit vers une autre vue sur le rocher de Costaros, en prenant le GR, un peu en-dessous de Chomeil (0 h 05).

Hors circuit vers le pied du rocher de Costaros, en suivant le fléchage spécifique (0 h 20).

Tout près : Chamalières-sur-Loire (OT, église XI-XIIe s. et cloître) • De Retournac (OT) à Aurec : gorges de la Loire • Moulins de Blanhac.

70 Bourrianne

SAINT-JULIEN-D'ANCE

En quelques dizaines de mètres, cette balade ombragée sur les rives d'une magnifique rivière de pierres vous met face à une spectaculaire accumulation de prismes hexagonaux de basalte.

Non, ce n'est pas là une « coulée d'orgues » et encore moins « des orgues projetées par des éruptions », mais le résultat du **démantèlement d'une ancienne coulée de lave**, émise il y a 6,5 Ma à partir d'un évent situé près du village de Montpré, à plus de 2 km. Aujourd'hui perchée, la coulée constitue le plateau sommital. Au cours du Würm, dernière période froide terminée il y a un peu plus de 10 000 ans, la glace a provoqué l'éclatement des prismes de cette coulée et facilité leur transport et leur disposition sur près d'1 km. D'autres éléments, comme l'argile située sous l'éboulis actuel, ont pu également jouer un rôle.

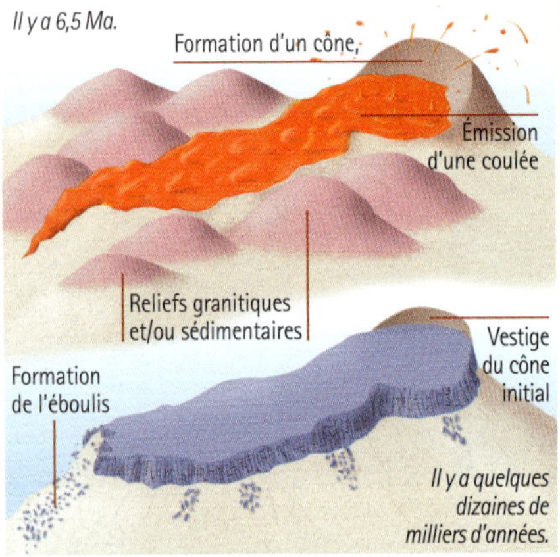

Glossaire : coulée de lave, évent, prismation.

MICROBALADE

Accès : Atlas p. 45/B1

À St-Julien-d'Ance : D 352, direction St-André-de-Chalencon que l'on traverse. Après 1 km : se garer au parking indiqué (panneau d'interprétation géologique, table de pique-nique).

Boucle : 1 km
- 0 h 40
- 805 à 920 m
- balisage jaune.

D Au niveau de la croix, monter le chemin balisé jusqu'au sommet de la côte (vue plongeante sur l'éboulis, table d'orientation, table de pique-nique). Continuer le chemin balisé qui redescend par l'autre « rive ».

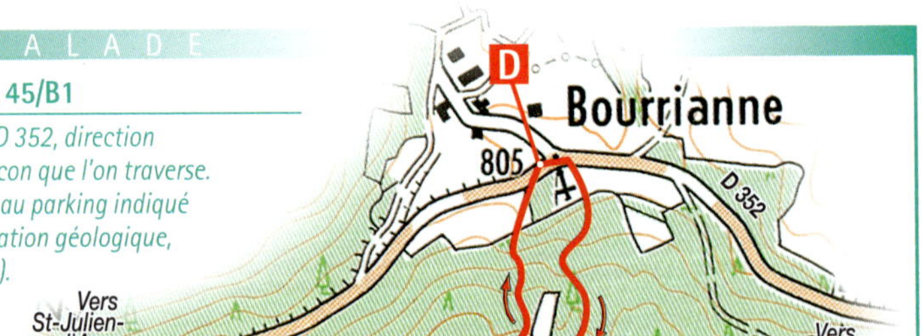

Tout près : St-Julien-d'Ance (église) • Craponne-sur-Arzon (OT, église, beffroi, maisons anciennes, ateliers de dentelle).

Les Centres Permanents d'Initiatives pour l'Environnement (CPIE)

En Auvergne ils sont au nombre de quatre, regroupés en union régionale.

Les CPIE sont des acteurs privilégiés et originaux du développement durable du territoire, en particulier dans la mise en œuvre de pratiques éco-citoyennes, dans un esprit de démocratie participative.

Ils jouent un rôle important dans la gestion de l'espace rural à travers les procédures réglementaires ou contractuelles, et s'inscrivent comme des acteurs pour la promotion et la découverte de la région Auvergne. Ils s'impliquent également dans un développement urbain équilibré.

Les CPIE développent des pratiques pédagogiques facilitant la responsabilisation et l'appropriation par chaque citoyen de son territoire, qu'il soit urbain ou rural.

Mises en œuvre par des équipes de spécialistes aux compétences diversifiées, les actions des CPIE conjuguent trois modes d'intervention qui s'enrichissent mutuellement :

- **Chercher**, en offrant des services de conseils ou d'études.
- **Développer**, en agissant concrètement avec leurs partenaires pour valoriser les ressources de leur territoire.
- **Transmettre**, dans une démarche à la fois scientifique, sensible et culturelle, adaptée à chaque public.

Le CPIE de Haute-Auvergne et le CPIE du Velay sont plus particulièrement engagés dans le développement durable de territoires volcaniques à fortes spécificités naturelles et culturelles.

CPIE du Velay
Le Riou 43700 Chaspinhac
cpie.velay@wanadoo.fr
Tél. 04 71 03 01 17
Fax 04 71 03 08 02

CPIE de Haute-Auvergne
Château St-Étienne 15000 Aurillac
cpie.haute.auvergne@wanadoo.fr
Tél. 04 71 48 49 09
Fax 04 71 48 97 40

Velay oriental
Meygal, Mézenc, Boutières

Paysage du massif du Mézenc avec au fond la forme caractéristique du mont Mézenc.

C'est tout d'abord un haut plateau dominé par la lourde silhouette du mont Mézenc culminant à 1753 m (Ph. ci-dessus). Cette surface plane se poursuit en direction du mont Gerbier-de-Jonc (site 80), en Ardèche.

À l'est, le rebord du pays de Boutières offre des paysages saisissants, ouverts sur les vallées ardéchoises intensément travaillées par l'érosion (Ph. ci-contre). C'est en fait un bassin effondré qui descend brutalement vers la vallée du Rhône. La limite de versant représente la bordure d'un compartiment exhaussé mais incliné vers la Haute-Loire avec un socle granitique affleurant localement à haute altitude (environs des Estables).

Plus à l'ouest, des plateaux s'inclinent doucement vers le bassin du Puy-en-Velay et se poursuivent plus au nord par toute une série de reliefs arrondis et pointus formant le Meygal. Le fossé de L'Emblavez constitue pratiquement une limite nord, marquée toutefois par la présence de lourdes formes volcaniques. Les roches les plus anciennes (12,5 et 13,5 Ma) sont des phonolites que l'on retrouve depuis l'ouest de l'Emblavez jusqu'au Meygal. Les phonolites du sud apparaissent par contre entre 8,5 et 6,5 Ma. Quant au plateau du Mézenc-Gerbier, il s'est édifié entre 11,5 et 6,5 Ma.

À la limite du secteur exploré par ce guide, à la croix de Boutières (site 79 au pied du mont Mézenc), le regard plonge vers le sud-est jusqu'aux Alpes (à l'arrière-plan) par-dessus les vallées ardéchoises aux jeunes volcans.

Coupe géologique simplifiée du Meygal/Mézenc.

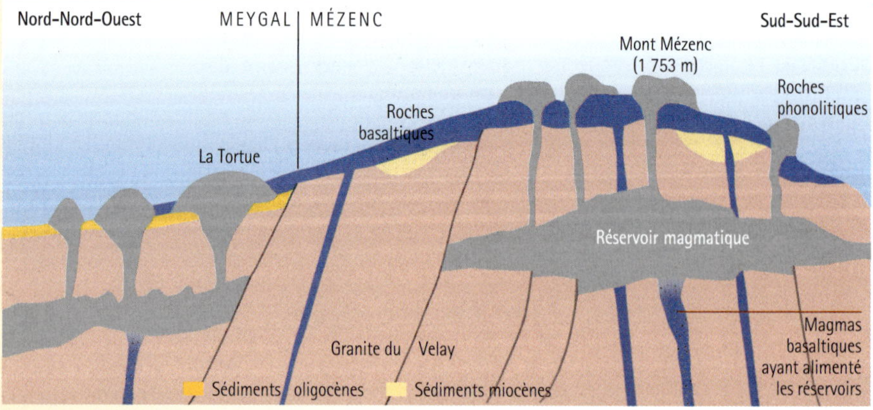

Paysage de sucs dans l'Yssingelais.

La mise en place des laves a été étroitement contrôlée par de nombreuses failles qui semblent avoir fonctionné pendant toute la durée de l'activité volcanique.

Coulées et volcans du sud : massif du Mézenc-Gerbier

Le vaste plateau au nord-ouest et au sud-ouest du Mézenc est constitué d'écoulements fissuraux mis en place sur une surface plus ou moins aplanie, comprenant quelques petites cuvettes où avaient sédimenté des argiles et des lignites. Les coulées se sont parfois accumulées sur des épaisseurs pouvant atteindre près de 150 m , avec évolution dans le temps de la nature des laves, des basaltes aux trachyandésites (voir site 77).

Les vestiges des volcans d'origine ne sont plus repérables à leur forme, mais seulement aux scories rougeâtres, visibles dans les coupes du haut versant ardéchois et le long des vallées du versant Haute-Loire.

Ce sont les vestiges de volcans de forme très basse, construits par projections de lave fluide. Les falaises du cirque des Boutières permettent l'observation de l'ensemble des différentes activités qui se sont succédé à l'échelle du massif (voir descriptif du volcan des Boutières, site 79).

L'activité volcanique s'est poursuivie par la mise en place de volcans de lave massive, sous forme de dômes, dômes-coulées et protrusions. L'absence de pyroclastites associées signale que ces émissions de lave visqueuse n'ont pas engendré de phénomènes explosifs.

Enfin, le vieux plateau a été largement secoué par l'ouverture de cratères d'explosion de grande dimension, dont l'âge, non connu précisément, est certainement plus ancien que 130 000 ans. Ils pourraient être les événements de la première phase de l'activité volcanique récente qui s'est manifestée, plus au sud, en Ardèche, pays des jeunes volcans.

Volcans du nord : Meygal et Emblavez

Ce territoire, qui s'étend depuis la vallée de la Loire jusqu'au Meygal, comprend les édifices les plus anciens. Ce sont des dômes et des aiguilles de phonolite, et quelquefois de trachyte, souvent mis en place avant les laves de nature basaltique (Ph.). Ces dernières sont moins présentes sous forme de coulées que dans le massif du Mézenc-Gerbier.

Dans l'Emblavez, les reliefs volcaniques sont disposés dans un ancien bassin effondré au tertiaire. Les formes lourdes des dômes-coulées sont soulignées par de nombreux éboulis et quelques grandes rivières de pierres qui s'en éloignent. Ce sont les traces laissées dans le paysage par les actions du gel lors de la dernière période froide. Ce phénomène naturel prend encore plus d'ampleur dans le Meygal.

Les conditions de refroidissement particulières des magmas de phonolite ont conditionné l'apparition d'un débit naturel en feuilles, qualifié communément de débit en lauzes, largement exploité par les paysans pour la couverture des toits de la région (lac Bleu, site 74). J.-N. B.

Glossaire : basalte, coulée de lave, dôme, explosif, phonolite, protrusion, pyroclastite, scorie, trachyandésite.

71 Rocher de Queyrières

QUEYRIÈRES

DÉCOUVERTE

Accès : Atlas p. 47/B2

Dans St-Julien-Chapteuil, au carrefour proche de la mairie : D 152 direction Monedeyres / Queyrières pour traverser le cirque de Monedeyres. Se garer absolument à l'entrée du village de Queyrières.

Tour du rocher en 5 mn.

Tout près : St-Julien-Chapteuil (OT, église romane, musée Jules Romains) • Suc de Chapteuil (château féodal ruiné) • Panorama du Testavoyre • Sites 72 à 74.

Le dyke de basalte de Queyrières, mis en place dans le granite il y a près de 11 Ma, est bien érodé et montre une prismation perpendiculaire aux anciennes surfaces de refroidissement (parois granitiques, pour le bas ; proximité de la surface, pour le haut). Vous remarquerez, en bas, près du contact avec le granite :

- **Les prismes sub-horizontaux** rayonnant par rapport au centre du filon.
- **Un débit supplémentaire en plaquettes,** perpendiculaire à l'axe des prismes.

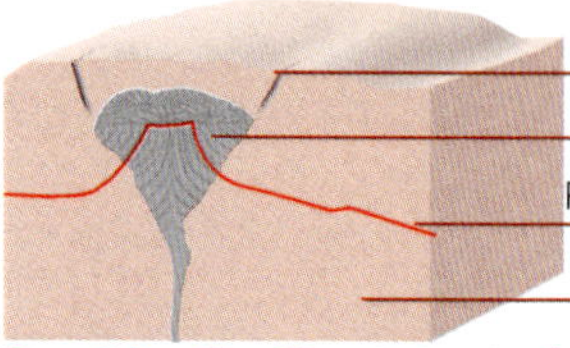

Hypothèse d'un filon de basalte évasé vers le haut.

Et, au sommet (1 177 m) :

- **Les prismes redressés,** sub-verticaux.
- **Le point de vue sur les pointements de phonolite** proches.
- Dans la pâte noire du basalte : les **cristaux d'augite noirs** et les **grains verts d'olivine**.

Glossaire : basalte, dyke, phonolite, prismation.

72 Panorama de Raffy

QUEYRIÈRES

À 1 260 m, le panorama s'ouvre, au premier plan, sur le **cirque de Monedeyres**, véritable bassin versant de la Sumène qui rejoint le petit **bassin d'effondrement de Saint-Julien-Chapteuil**. Le piston phonolitique de **Peyre de Bard** (Fig. site 73) et l'extrusion trachytique du **mont Rouge** le dominent, créant un plan intermédiaire de grande qualité paysagère. Ici le granite est très proche : il constitue le socle en position surélevée (horst) vis à vis de la zone de bassin visible au loin.

DÉCOUVERTE

Accès : Atlas p. 47/B2

À Queyrières : D 18, direction Araules. 1, 5 km plus haut, se garer en bord de route juste avant Raffy.

Depuis le bord de route : panorama.

Tout près : Voir au site 71 • Sentier du mont Rouge.

Glossaire : extrusif, phonolite, trachyte.

Les sucs phonolitiques du Meygal :
1. Testavoyre
2. Chabrières
3. Peyre de Bard
4. Mont Rouge
5. Mont Chanis

73 Grand Testavoyre

CHAMPCLAUSE

Le sentier forestier, en atteignant le sommet du Testavoyre qui domine la plus grande surface recouverte par une lave phonolitique en France, dévoile un vaste panorama sur le Meygal.

Le plateau du Meygal, d'où émergent le grand et le petit Testavoyre, semble correspondre à une vaste, épaisse et très ancienne coulée à blocs de lave phonolithique (12,6 Ma). À la faveur d'une viscosité moindre et d'une topographie plus en pente, elle s'est étalée et rend un aspect de plateau très étendu.

• Dans l'ascension, vous repérerez les **caractéristiques de cette phonolite** : débit en feuilles, couleur légèrement verdâtre, sonorité. L'accumulation de blocs dans les pentes est due à l'action de la glace au cours de la dernière période froide (Ph.).

Partout dans le Meygal, les chemins de phonolite (« pierre sonore ») chantent sous les pieds.

Reliefs au moment des éruptions.

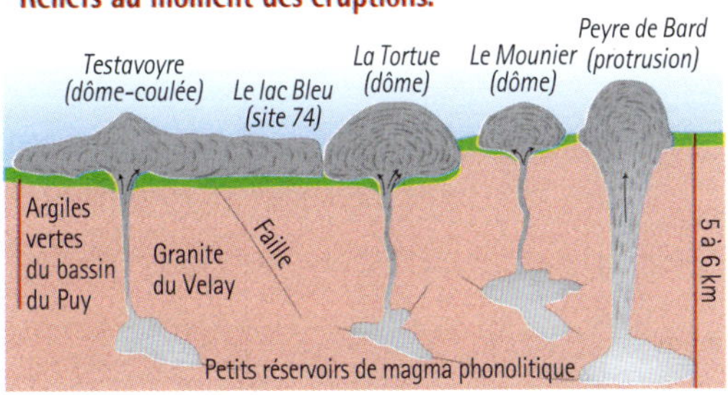

• Le sommet offre un **superbe panorama sur le pays des sucs** qui dévoile la forme des extrusions phonolitiques (Fig.) et leur place dans le fossé de l'Emblavez : les dômes de la Tortue et du Mounier traduisent un léger écoulement de la lave visqueuse autour du point de sortie ; les protrusions des environs de Monedeyres indiquent une sortie de lave plus visqueuse.

Glossaire : dôme, extrusif, phonolite, protrusion.

MICROBALADE

● Accès : Atlas p. 47/B2

Après Raffy, au carrefour des Quatre-Routes : à droite, puis à gauche par la petite route forestière de la zone nordique du Meygal. Atteindre la zone plane sommitale. Se garer sur les parkings matérialisés par de gros blocs de rochers alignés.

Aller-retour : 1,5 km
• 0 h 25 • 1 360 à 1 436 m
• balisage jaune et rouge/blanc.

D À l'opposé de la cabane forestière, prendre sous les sapins le sentier balisé.
Une courte montée raide et rocheuse conduit au sommet.

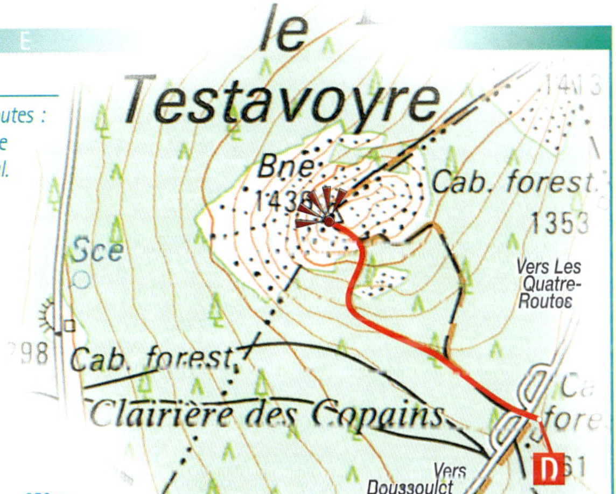

● Tout près : Voir au site 71.

74 Lac Bleu

CHAMPCLAUSE

L'ancienne carrière de Bélistard est située au bord de la coulée à blocs de lave visqueuse évoquée au site 73 (Fig. site 73). Pendant des siècles, elle a fourni des lauzes (dalles) de phonolite utilisées pour couvrir les toits du Meygal et des environs proches.

Les nombreux ateliers de débitage des blocs depuis la surface ont fini par laisser cette énorme cavité. Les marques de l'activité sont encore visibles sur les parois et sur certains blocs.
L'outillage et les méthodes d'extraction étant rudimentaires (pics, masses, massettes et burins), tout le talent des lauzerons consistait dans la **recherche et l'utilisation des plans fissiles.**
En effet, le débit en feuilles de la phonolite, parfois très régulier, est favorisé naturellement par la disposition des feldspaths : lors du refroidissement du magma visqueux, de microécoulements se produisent dans des plans privilégiés qui guident la disposition à plat des cristaux de feldspath.
La lauzière a fonctionné jusqu'à la Deuxième Guerre mondiale, époque qui a sonné la fin des communautés de paysans-tailleurs de pierres.
Les moyens jusqu'alors mis en œuvre pour évacuer l'eau, dont la présence est liée à l'émergence accidentelle d'une nappe phréatique, ont été arrêtés. **L'eau a envahi la lauzière** pour donner naissance au ravissant petit lac Bleu d'aujourd'hui.

Toit en lauzes de phonolite.
Ces écailles sont épaisses de deux doigts environ et leur taille diminue de bas en haut pour ne pas surcharger la charpente.
Contrairement à certaines lauzes schisteuses, les lauzes de phonolite ne s'effritent pas ;
bien lisse, cette lave n'est pas non plus propice à l'envahissement par les mousses et les lichens.
Par ailleurs, certaines phonolites du Velay ont une teneur en sodium, aluminium et silicium qui les fait entrer dans la composition de verres à bouteille.

Glossaire : phonolite.

D É C O U V E R T E

Accès : Atlas p. 47/B3

Depuis le Testavoyre, continuer la petite route forestière. Au carrefour avec la D 15 : à gauche direction St-Agrève. Après 2,5 km : à gauche par la petite route du « Parc de loisirs ». Se garer au pied de l'ancienne carrière.

Accès au lac et à la lauzière en 3 mn.

Tout près : Voir au site 71 • 21.

75 Lac de Saint-Front

SAINT-FRONT

Cette promenade dans un paysage très ouvert mène à une carrière à fort intérêt géologique. Tout au long, la vue est belle sur le lac de Saint-Front, petit (30 ha), peu profond (quelques mètres), presque circulaire.
Il est installé dans un cratère de maar (structure et fonctionnement : Fig. 12, p. 14).

En 1991, le **lac largement comblé** a fait l'objet de forages jusqu'à 55 m de profondeur : trois carottes de sédiments ont révélé par analyse pollinique une alternance de trois périodes tempérées et de trois périodes froides, dont la dernière appelée Würm. La période du Würm à nos jours est représentée par les derniers 10 m de sédiments.

La carrière entame les projections caractéristiques d'un maar (décrites pour le site 58). De nombreux fragments de granite, voire d'argile verdâtre ou rougeâtre, ont été arrachés au socle. La grosseur de certains blocs témoigne de la violence des éruptions.

Glossaire : éruption, maar.

Bloc de basalte de 1 m³.
À droite, échantillon de granite.

MICROBALADE

Accès : Atlas p. 47/B3

À St-Front, au niveau du cimetière : D 263 en direction du lac. Après 2 km, se garer au niveau du carrefour en bord de lac.

Aller-retour : 2 km
• 0 h 10 • 1 236 à 1 280 m
• pas de balisage.

D Continuer la D 263 sur 100 m. Obliquer à droite par la petite route indiquée « Impasse ». Après quelques maisons, délaisser le chemin du tour du lac pour monter à gauche (⚠ une clôture électrique peut être en place : la refermer soigneusement). La carrière est presque en haut de la côte.

Tout près : Au lac (pêche, sports nautiques) • St-Front (village de montagne : murs et toits en pierre, église romane, vue sur le Mézenc et l'Alambre) • Bigorre (chaumières).

76 Volcans de Chaudeyrolles

CHAUDEYROLLES

La balade emprunte une petite route menant au vaste cratère de maar de Chaudeyrolles (1,2 km de diamètre). Les panneaux pédagogiques qui l'agrémentent décrivent la structure et le fonctionnement de cet appareil phréatomagmatique.

Le **maar de Chaudeyrolles** conserve des bords bien visibles dans le paysage du Mézenc et apparaît donc relativement plus récent que les volcans proches.

Son fond plat est occupé par des narses, qui sont des milieux tourbeux. Les projections issues des nombreuses et violentes explosions se retrouvent sous forme de lits de tufs peu visibles mais présents sous le village actuel.

Au retour, le regard porte sur le relief en coupole du **mont Signon**. C'est l'exemple type du dôme d'extrusion avec un léger étalement latéral.

Le sommet garde les traces des dernières **exploitations de lauzes de phonolite** et offre une belle vue sur le maar.

1. Mont Signon et ses carrières
2. Maar et narses de Chaudeyrolles

Glossaire : dôme, extrusif, maar, phonolite, phréatomagmatisme, tuf.

MICROBALADE

Accès : Atlas p. 47/B3

Depuis le village de St-Front : D 39, direction Fay-sur-Lignon. Après 6 km : à droite, direction Chaudeyrolles. Se garer dans le village.

Aller-retour : 2,5 km
• 0 h 40 • 1 290 à 1 255 m
• balisage : sentier de découverte.

D À l'église, descendre la petite route indiquée « Sentier de découverte des narses ». Au premier croisement, à gauche ; au second croisement, à droite. Rejoindre le panneau « Le chaudron de Chaudeyrolles ».

Tout près : Voir aux sites 75, 77, 78 • Sentier de découverte du mont Signon.

77 Coulées de St-Clément

SAINT-CLÉMENT

Vous entrez en terre ardéchoise. Sur un balcon naturel, Saint-Clément domine la vallée de la Saliouse de près de 400 m et bénéficie d'un **panorama exceptionnel** sur les Boutières et les reliefs volcaniques jusqu'au mont Gerbier-de-Jonc (site 80).

Le plateau de Saint-Clément est constitué par l'**empilement de douze niveaux de coulées** étalées sur un socle granitique (Ph.). Chaque coulée marque le paysage d'une falaise noirâtre à gris-foncé où la roche est plus ou moins disposée en prismes. Ce remarquable ensemble, mis en place dans un point bas du relief, entre 10 et 8 Ma, est aussi un bel exemple du processus de différenciation des laves, puisque l'on passe des basaltes, à sa base, aux trachyandésites, à son sommet.

Glossaire : basalte, coulée de lave, différenciation, prismation, trachyandésite.

DÉCOUVERTE

Accès : Atlas p. 47/C3

Gagner St-Clément par la D 262 ou la D 410. Dès que le village est en vue, se garer en bord de route après le virage (⚠ pas de parking).

1 Depuis le stationnement (1 193 m) : panorama.
2 Depuis la place du village, en contrebas de l'église (1 150 m) : panorama et table d'orientation.
3 En poursuivant sur St-Martin et en tournant à droite sur Les Estrets (impasse) : vue sur les coulées.

Tout près : Fay-sur-Lignon (OT, point de vue près du cimetière : pic du Lizieux, monts de Lalouvesc et du Pilat, Alpes).

78 Croix de Peccata

LES ESTABLES

Ce site montre la dernière composante du complexe volcanique du massif du Mézenc, représentée par les dômes de lave massive des Estables. Le **dôme phonolitique du Mézenc** (Ph. p. 130) traduit plusieurs venues de laves visqueuses : les premières (8 Ma) forment le sommet de la croix et s'expriment par des phonolites pauvres en gros cristaux ; les autres (7,6 Ma) constituent le point culminant et montrent des phonolites riches en gros cristaux de feldspath et de pyroxène.

DÉCOUVERTE

Accès : Atlas p. 47/B4

Aux Estables, au niveau de l'église : petite route direction Croix de Peccata/Chaudeyrolles. Se garer au col, sur le vaste parking (⚠ route fermée en hiver).

1 Depuis le parking : panorama.
2 Montée possible au sommet du Mézenc uniquement par beau temps, par le sentier à l'opposé du parking : 3 km • 1 h 00 • 1 569 à 1 753 m • balisage : rouge/blanc.

Tout près : Les Estables (OT, plus haut village du Massif central : 1 343 m, bâti en blocs de lave, maison forestière).

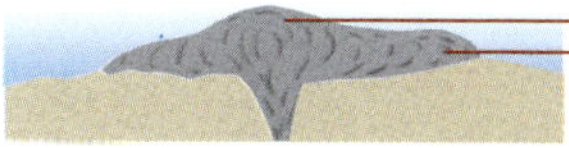

Le mont Alambre.

À l'opposé, l'**Alambre** est un dôme-coulée de phonolite (Fig.).

En contrebas du Mézenc, le **Chastelas et la roche Pointue** (Ph. p. 46), associés sous le vocable « dents du Mézenc » ou « dents du Diable », correspondent à la mise en place, il y a 9 Ma, d'une lave rhyolitique au sein d'une fracture. L'érosion a décapé l'encaissant et mis en relief la rhyolite sous forme d'un dyke à deux pointements (Ph.).

Glossaire : dôme, dyke, extrusif, phonolite, rhyolite.

79 Croix de Boutières

BORÉE

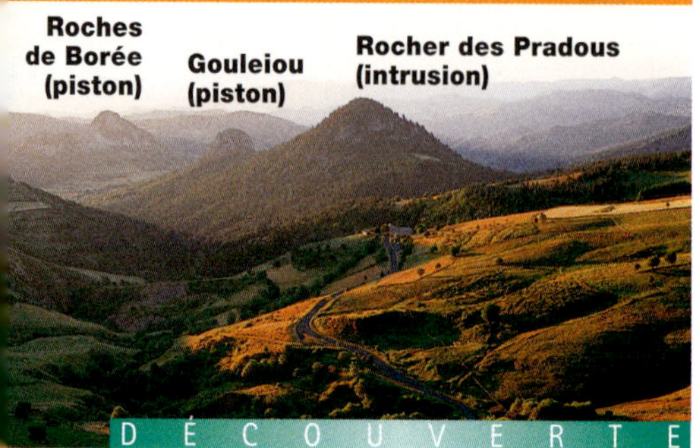

DÉCOUVERTE

Accès : Atlas p. 47/B4

Au centre des Estables, près de la Poste : direction Croix de Boutières.
Après 3 km : se garer sur le parking du col (⚠ route fermée en hiver).

■ Descendre 50 m à pied par la trouée dans les arbres, au niveau des blocs rocheux matérialisant le parking : belvédère entre Ardèche et Auvergne.

Tout près : Voir aux sites 78 et 80.

Le panorama montre la diversité des formes volcaniques :

- **Toute la collection des formes d'extrusions** (dômes et aiguilles) **et d'intrusions** (dykes) des volcans de lave visqueuse. Remarquez en particulier les roches de Borée, modèles accomplis de protrusion, associées à des intrusions de grande dimension et de forme hémi-circulaire comme le suc de Sara.
- **Sur le côté droit, le strato-volcan de Boutières.** C'est un empilement de coulées basaltiques liées à une première période d'activité strombolienne, et de tufs jaunes stratifiés résultant d'explosions phréatomagmatiques. Le tout est recoupé par des fractures remplies de lave trachytique (dykes). La forme en cirque rappelle la présence d'un petit glacier installé au cours de la dernière période glaciaire.
- **Le contraste morphologique** entre le versant ardéchois, ou méditerranéen, et le versant ligérien, ou atlantique. Les marques de l'érosion et l'encaissement des vallées donnent un aspect spectaculaire à ce versant ardéchois.

Glossaire : dôme, dyke, extrusif, phréatomagmatisme, strato-volcan, strombolien, trachyte, tuf.

80 Mont Gerbier-de-Jonc

SAINT-MARTIAL, SAINTE-EULALIE

Le Gerbier-de-Jonc (1 551 m ; 8,2 Ma) présente une **forme en pain de sucre** légèrement incurvé, soulignée par une carapace de longs prismes grossiers, construite lors du refroidissement de l'ensemble. La lave très visqueuse s'est mise en place sous l'aspect d'un piston dont le diamètre aurait peu évolué au-dessus de son point d'émission (Fig. site 46).

La roche phonolitique résultante se débite en feuilles bien discernables à l'intérieur des prismes de grande taille.

Une **lauzière** a mis à profit ce débit naturel au XIXe s. Les **éboulis**, débris d'exploitation et blocs détachés au cours de la dernière période froide, se distinguent sur le versant.

Au sommet du mont : **panorama** sur les crêtes et les sucs entre l'Eyrieux et l'Ardèche, sur l'Alambre, le Mézenc et le suc de Sara au nord, sur les Alpes par temps clair.

Glossaire : dôme, extrusif, phonolite.

DÉCOUVERTE

Accès : Atlas p. 47/C5

Des Estables : D 36 devenant D 378 en Ardèche.
Après 12 km : se garer sur les grands parkings au pied du Gerbier-de-Jonc.

1 Du parking : observation du mythique pain de sucre.
2 ⚠ Ascension difficile : suivre scrupuleusement le balisage spécifique et les mains courantes.

Tout près : Ray-Pic (cascade sur coulée prismée) • Ruines de la chartreuse de Bonnefoy • Burzet (chaussée et marmites de géant).

ANNEXES

La dent de la Rancune est un dyke spectaculaire dressé dans la vallée de Chaudefour (site 25).

Lieux de découverte du volcanisme

1 Maison de la Pierre, route du Cratère, Volvic 63530, 04 73 33 56 92
2 Route des Mines Dômes-Combrailles, Château-Dauphin, Pontgibaud 63230, 04 73 88 73 39
3 Volcan à ciel ouvert, puy de Lemptégy, St-Ours-les-Roches 63230, 04 73 62 23 25
4 Vulcania, Parc européen du volcanisme, route de Mazayes, St-Ours-les-Roches 63230, 04 73 19 70 00
5 Centre d'accueil et d'information du sommet du puy de Dôme, Orcines 63870, 04 73 62 21 46
6 Parc naturel régional des Volcans d'Auvergne, château de Montlosier, Aydat 63970, 04 73 65 64 00
7 Muséum d'Histoire naturelle Henri Lecoq, 15 rue Bardoux, Clermont-Ferrand 63000, 04 73 91 93 78
8 Maison de Gergovie, plateau de Gergovie, La Roche-Blanche 63670, 04 73 78 29 51
9 Site de Farges, St-Nectaire 63710, 04 73 88 52 25
10 Grottes de Jonas, Jonas, St-Pierre-Colamine 63610, 04 73 96 31 69
11 Musée du Club de géologie, 26 quai Féron, La Bourboule 63150, 04 73 81 11 25
12 Maison de la Réserve naturelle de la vallée de Chaudefour, Chambon-sur-Lac 63790, 04 73 88 68 80
13 Lac Pavin, Besse-et-St-Anastaise 63610, Tél. OT
14 Maison de la Pinatelle, centre de découverte de la Nature et des Paysages, Chalinargues 15170, 04 71 20 03 52
15 Structure en projet au pas de Peyrol/puy Mary, Tél. aux OT du secteur
16 Muséum des Volcans, château St-Étienne, Aurillac 15000, 04 71 48 07 00
17 Géothermia, musée européen de la Géothermie et du Thermalisme, Chaudes-Aigues 15110, 04 71 23 58 76
18 Maison de l'Aubrac, Aubrac, St-Chély-d'Aubrac 12470, 05 65 44 21 15 (SI)
19 Maison du mont Bar, Allègre 43270, Tél. OT
20 Muséum d'Histoire naturelle Crozatier, Le Puy-en-Velay 43000, 04 71 06 62 40
21 Parc de « La lauzière du lac Bleu », Les Balayes, Champclause 43260, 04 71 65 99 70 ou 04 71 08 75 03
22 Muséum de la Terre ardéchoise, Privas 07000, 04 75 64 43 69

Informations touristiques

Chamina, Clermont-Ferrand 63057, 04 73 92 81 44, www.chamina.com

Espace Massif central, Clermont-Ferrand 63000, 04 73 42 60 00, www.espace-massifcentral.com

Comités départementaux du tourisme
- CDT du Puy-de-Dôme, Clermont-Ferrand 63038, 04 73 42 22 50, www.planetepuydedome.com
- CDT du Cantal, Aurillac 15018, 04 71 63 85 00, www.cdt-cantal.fr
- CDT de la Haute-Loire, Le Puy-en-Velay 43012, 04 71 07 41 54, www.mididelauvergne.com

Centres permanents d'initiatives pour l'environnement
- CPIE de Haute-Auvergne et du Velay : voir p. 129
- CPIE Clermont-Dômes, Theix 63122, 04 73 87 35 21, cpie-clermont-domes@wanadoo.fr

Des OT/SI proches des sites ou des lieux de découverte
(code postal, n° de téléphone, site internet)
- Allanche 15160, 04 71 20 48 43, www.cezallier.org
- Allègre 43270, 04 71 00 72 52, www.cc-portes-auvergne.fr
- Aurillac 15000, 04 71 48 46 58, www.iaurillac.com
- Aydat 63970, 04 73 79 37 69, www.aydat.com
- Cayres 43510, 04 71 57 34 46, www.cayres.com
- Chalinargues 15170, 04 71 20 03 52, www.destinature.free.fr
- Chaudes-Aigues 15110, 04 71 23 52 75, www.chaudesaigues.com
- Clermont-Ferrand 63000, 04 73 98 65 00, www.clermont-fd.com
- La Bourboule 63150, 04 73 65 57 71, www.bourboule.com
- La Roche-Blanche 63670, 04 73 79 42 98, www.ot-gergovie.fr
- Langeac 43300, 04 71 77 05 41, www.langeac.com
- Le Mont-Dore 63240, 04 73 65 20 21, www.mont-dore.com
- Le Puy-en-Velay 43000, 04 71 09 38 41, www.ot-Lepuyenvelay.fr
- Les Estables 43150, 04 71 08 31 08
- Monistrol-sur-Loire 43120, 04 71 66 03 14
- Murat 15300, 04 71 20 09 47, www.ville-de-murat.com
- Murat-le-Quaire 63150, 04 73 65 53 13, www.murat-le-quaire.com
- Murol 63790, 04 73 88 62 62, www.grandevallee.com
- Orcines 63870, 04 73 62 20 08
- Pontgibaud 63230, 04 73 88 90 99
- Rosières 43800, 04 71 57 47 44
- Royat-Chamalières 63130, 04 73 29 74 70, www.ot-royat.com et www.ot-chamalieres.com
- St-Flour 15100, 04 71 60 22 50, www.st-flour.com
- St-Front 43550, 04 71 59 54 93
- St-Nectaire 63710, 04 73 88 50 86, www.grandevallee.com
- St-Saturnin 63450, 04 73 39 06 56
- Thiézac 15450, 04 71 47 03 83
- Vic-sur-Cère 15800, 04 71 47 50 68
- Volvic 63530, 04 73 33 58 73, www.volvic-tourisme.com

Un autre OT/SI ?
Tél. 32 65 (0,34 €/mn) et dire le nom de la commune.
Sur internet : www.tourisme.fr

BIBLIOGRAPHIE

■ Barnagaud J.-M. - *Minéraux et roches d'Auvergne* - Éd. De Borée, Clermont-Ferrand (63), 1995.

■ Boivin P., Mergoil J. - *Chapitre « Géologie » de l'encyclopédie Haute-Loire* - Éd. Bonneton, Paris (75), 2001.

■ Borget J.-N., Mergoil J. - *Pierres volcaniques du Velay* - Éd. CTHS (congrès de Clermont-Ferrand), Paris (75), 1992.

■ Bril H. - *Découverte géologique du Massif central. Du Velay au Quercy* - Éd. BRGM, Orléans (45), 1988.

■ Bril H. - *Histoire géologique du Cantal* - Éd. Maison des Volcans, Aurillac (15), 1987.

■ Bril H. - *Volcans de France* - Éd. Loubatières, Portet-sur-Garonne (31), 1998.

■ Brousse R. et Lefèvre C. - *Le volcanisme en France* - Éd. Masson, Guides géologiques régionaux, Paris (75), 1990.

■ Collectif - *Guide Haute-Loire* - Éd. Gallimard, Paris (75), 1998.

■ Collectifs
Autour de Clermont-Ferrand, Riom, Issoire (1996) ;
Lembron et pays des Couzes (2000) ;
Chaîne des Puys (2000) ;
Massif du Sancy et Artense (1997) ;
Monts du Cézalier (2000) ;
Le Cantal (2001) ; *Volcan cantalien* (1996) ;
Le Forez (2001) ; *L'Aubrac* (2001) ;
L'eau en Auvergne (1998) ;
Sommets du Massif central (1998)
- Éd. Chamina, guides de randonnée, Clermont-Fd (63).

■ Collectif sous la direction de De Goër de Herve A. - *Volcanisme et volcans d'Auvergne* - Publication du Parc naturel régional des Volcans d'Auvergne, *La dépêche scientifique du Parc* n° 8/9, Aydat (63), 2002 (2e édition + version anglaise).

■ De Goër de Herve A. - *Volcans d'Auvergne, la menace d'une éruption ?* - Éd. Ouest-France, Rennes (35), 1997.

■ De Goër de Herve A., Belin J.-M. et coll. - *Le volcanisme en Auvergne* (dossier pour l'enseignant et son lexique) - Éd. CRDP, Clermont-Ferrand (63), 1985.

■ De Goër de Herve A., Camus G. - *Volcanologie de la chaîne des Puys* - Éd. Parc naturel régional des Volcans d'Auvergne, Aydat (63), 1991 (3e ed. ; carte géologique à l'échelle 1/25 000 et notice).

■ De Goër de Herve A., Lavina P. et coll. - *Lemptégy, volcan à ciel ouvert pour comprendre la chaîne des Puys* - Éd. Sarl Volcan de Lemptégy, St-Ours-les-Roches (63), 1999.

■ Graveline F., Brunel J., Debaisieux F. - *Cantal, la saga d'un volcan* - Éd. Debaisieux, Beaumont (63), 1996.

■ Graveline F., Debaisieux F. - *Volcans célèbres et méconnus du Massif central* - Éd. Debaisieux, Beaumont (63), 1999.

■ Graviou P., Roubichou P. et coll. - *Massif central, curiosités géologiques* - Éd. BRGM, Orléans (45), 2001. (carte à l'échelle 1/500 000 et notice).

■ Groupement des géologues de Haute-Loire - *Le volcanisme de la Haute-Loire dans les pas de Louis Durand* - Éd. du GGHL, Le Puy (43), 1998.

■ De Puytorac P. et coll. - *L'Auvergne : les milieux, la flore, la faune* - Éd. Delachaux et Niestlé, La Bibliothèque du Naturaliste, Lausanne (Suisse), 1997.

■ Joberton G. - *Le volcanisme : les sites volcaniques d'Auvergne* - Éd. De Borée, Clermont-Ferrand (63), 1999.

■ Joberton G. - *Auvergne, pays des volcans* - Éd. De Borée, Clermont-Ferrand (63), 2000.

■ Lavina P. - *La chaîne des Puys, itinéraires découvertes géologiques* - Éd. Aedis, Vichy (03), 1996.

■ Lavina P. - *La naissance du Massif central* (n° 30) ; *Le Massif volcanique* (n° 49) - Mensuel Massif Central Magazine, Clermont-Ferrand (63), 1998 et 2002.

■ Lavina P. - *Les volcans d'Auvergne et du Massif central* - Éd. Artis, Aubiat (63), 2002.

■ Lavina P., Decobecq D. - *Les volcans* - Éd. Aedis, coll. Petit Guide, Vichy (03), 1997.

■ Lavina P., Decobecq D. - *La chaîne des Puys* - Éd. Aedis, coll. Petit Guide, Vichy (03), 2003.

■ Mergoil J., Boivin P. - *Le Velay, son volcanisme et les formations associées* - Éd. BRGM, Géologie de la France n° 3, Orléans (45), 1993. (notice et carte au 1/100 000).

■ Michelin Y. - *Les jardins de Vulcain* - Éd. Maison des Sciences de l'Homme, Paris (75), 1995.

■ Musée Crozatier - *Histoire géologique du bassin du Puy-en-Velay* (1997) ;
Balade au pays des volcans du Velay-Vivarais - Éd. Musée Crozatier, Le Puy-en-Velay (43), 2000.

■ Peterlongo J.-M. - *Massif central* - Éd. Masson, Guides géologiques régionaux, Paris (75), 1978.

■ Romanovsky V. - *Les orgues volcaniques d'Auvergne, leur nature et où les trouver* - Auto-édition : Vsevolod Romanovsky, 2 bis rue de l'Ouvrage-à-Corne, La Rochelle (17), 2002.

■ **À paraître** : Carte géologique du Volcan cantalien au 1/100 000 et sa notice - Éd. BRGM, Orléans (45).

■ **Abréviations**
CTHS : Comité des travaux historiques et scientifiques
BRGM : Bureau de recherches géologiques et minières
GGHL : Groupement des géologues de Haute-Loire
CRDP : Centre régional de documentation pédagogique

RÉALISATION

Ont participé à cet ouvrage :

Rédaction

- **Maurice Aubert,** professeur émérite à l'université Blaise-Pascal de Clermont-Ferrand ;
- **Jean-Noël Borget,** docteur en géologie, chargé d'études au CPIE du Velay ;
- **Hubert Bril,** professeur de géosciences à l'université de Limoges ;
- **Alain de Goër de Herve †,** géologue, maître de conférences honoraire à l'université Blaise-Pascal de Clermont-Ferrand ;
- **François-Dominique de Larouzière,** géologue IGAL, docteur de l'université Pierre-et-Marie-Curie de Paris VI ;
- **Pierre Lavina,** Terre et Volcans®, géologue, docteur en volcanologie de l'université de Clermont-Ferrand ;
- **Hélène Leroy,** diplômée en géologie et géophysique ;
- **Philippe Mossand,** géologue, CPIE de Haute-Auvergne.

Terrain

- Repérage des microbalades, description des accès et cheminements : **Marc Sagot.**
- Assistance technique : **Noël Itier.**

Infographie

François Puzenat, Bleu Cobalt.
Voir la rubrique « *Crédit illustrations* » ci-contre.

Photographie

Voir la rubrique « *Crédit photographies* » ci-contre.

Fabrication

- Maquette, mise en pages, suivi de fabrication : **Sylvie Pradel,** Pépin de Pomme.
- Rewriting : **Hélène Leroy, Michel Morat.**
- Secrétariat d'édition : **Hélène Leroy, Michèle Clouvel.**
- Assistance d'édition : **Sylviane Barthomeuf, Marylin Galvaing.**
- Photogravure : **Mage,** Clermont-Ferrand.
- Impression : **IME (25).**

Coordination : Hélène Leroy.

Montage de l'opération et direction de collection
Christian Tijou.

Nous tenons également à remercier
Olivier Merle, professeur au laboratoire Magmas et Volcans de l'université Blaise-Pascal de Clermont-Ferrand, et **Laurent Michon,** maître de conférences à l'université de la Réunion, pour l'aimable accueil fait à la vulgarisation de leurs travaux ; **Philippe Labazuy,** physicien-adjoint au laboratoire Magmas et Volcans pour sa présentation des modèles numériques de terrain.

Ce guide a été réalisé par Chamina avec la participation financière de l'État – Secrétariat d'État au Tourisme.

Les auteurs de ce guide et l'équipe Chamina saluent la mémoire de Alain de Goër de Herve, décédé pendant la réalisation de l'ouvrage.

CRÉDIT PHOTOGRAPHIES

b : bas, h : haut, m : milieu, g : gauche, d : droite ; les nombres représentent les numéros de page.

Norbert Dutranoy : 38/b, 39, 56/b, 88/hd, 90h, 98, 99/hg et 99/md • **Pierre Enjelvin/Lutra :** 27, 46/hg, 85, 130/hg • **Christian Guy/Lutra :** couverture (fond), 42/b, 63, 73, dos (fond) • **Noël Itier :** 18 • **Pierre Lavina :** 17, 56/h, 111/bd • **Hélène Leroy :** 97 • **Hervé Monestier :** 124/bg • **Luc Olivier :** couverture (photo principale), 1, 2-3, 4, 23/h, 28-29/b, 35/bd, 42/hg, 44/b, 46/b, 74, 91/b, 110, 119/hg, 123/bg, 125, 131, 132/b, 139, dos (chapelle) • **Marc Sagot :** vignette couverture et 1, 8, 11, 12, 13, 14/hg, 15, 19/h, 29/hg et 29/hd, 30-31, 32/b, 36/b, 41/mg, 48-49, 51, 52, 55, 57/hd et 57/md, 58, 59, 67/hd (grande photo), 76/hd, 77, 78, 81, 82, 83, 86, 89, 96, 109, 115, 121/b, 123/h, 136, 138/bg, dos (chaîne des Puys, lac) • **M. Sagot/Chamina :** 6, 14/hd, 19/b, 20, 23/b, 26, 28/h, 32/h et 32/m, 33/hg et 33/bd, 34, 35/bg, 36/h et m, 37, 38/hd et 38/mg, 40, 41/hd et 41/bd, 43/hd, 44/h, 45/md, 46/hd, 47, 53, 57/bg, 60, 64, 65, 66, 67/hd (vignette), 68, 69, 70, 75, 76/hg et 76/bd, 79, 80, 87, 88/bg, 90/bd, 91/hd, 92, 93, 94, 99/bd, 100, 101, 102, 103, 104, 105, 106, 107, 111/hg, 112, 113, 114, 116, 117, 118, 119/bd, 120, 121/hd, 122, 124/h, 126, 127, 128, 129, 130/md, 132/hg, 133, 134, 135, 137, 138/hg, rabat 3, dos (scories, cascade, orgues).

CRÉDIT ILLUSTRATIONS

Les figures de ce guide reprennent des schémas et des cartes établis par des scientifiques. Nous les avons adaptés à notre publication (réduction, quadrichromie...) et modifiés en vue de les simplifier ou de tenir compte de données plus récentes.

Glossaire

- **D'après Barnagaud J.-M. :** Fig. 1, 18
Sentiers du puy de la Vache - Éd. PNRVA, 1990.

- **D'après Bril H. :** Fig. 21
Volcans de France - Éd. Loubatières, 1998.

- **D'après De Goër de Herve A. et Belin J.-M. :** Fig. 14 bcd
Lexique *Le volcanisme en Auvergne* - Éd. CRDP, 1985.

- **D'après De Goër de Herve A. et coll. :** Fig. 3, 11, 12, 13, 17, 19, 20
Fig. 3c : Notice de la carte géologique de Nasbinals au 1 : 50 000 - Éd. BRGM, 1994.

Fig. 11, 20 : *Chaîne des Puys* - Éd. Chamina, 2000.
Fig. 12 : *Volcanologie de la chaîne des Puys*
- Éd. PNRVA, 1991.
Fig. 13, 17, 19 : *Volcanisme et volcans d'Auvergne*
- Éd. PNRVA, 2002.

• **D'après De Goër de Herve A., Lavina P. :** Fig. 5
Lemptégy, volcan à ciel ouvert
- Éd. Sarl Volcan de Lemptégy, 1999.

• **D'après Joberton G. :** Fig. 4, 6, 8a
Le volcanisme ; les sites volcaniques d'Auvergne
- Éd. De Borée, 1999.

• **D'après Lavina P. :** Fig. 2, 7, 9, 10, 14a, 15, 16, 22
Fig. 2, 9 : *Les volcans*
- Éd. du PNRVA, Nature et Enfants, 1998.
Fig. 7, 10, 14a, 15 : pour cet ouvrage, 2003.
Fig. 16 : *La naissance du Massif central*
- Massif Central Magazine n° 30, 1998.
Fig. 22 : *Les volcans d'Auvergne et du Massif central*
- Éd. Artis, 2002.

• **D'après Walker :** Fig. 8b
1973, mis à jour d'après Wright et al, 1980.

À propos des volcans d'Auvergne

• **D'après Boivin P. :** Fig. 1
Volcanisme et volcans d'Auvergne
- Éd. PNRVA, 1995 repris en 2002.

• **D'après De Goër de Herve A., Mergoil J. :** Fig. 2
Volcanisme et volcans d'Auvergne - Éd. PNRVA, 2002.

• **D'après Merle O., Michon L. :** Fig. 3abc, 4abc, 5
- Bulletin de la Société géologique de France n° 172, 2001.

Thèmes et balades

Chaîne des Puys

• **D'après De Goër de Herve A. et coll. :**
Carte p. 150, Fig. site 2
Carte : *Chaîne des Puys* - Éd. Chamina, 2000.
Fig. site 2 : *Volcanologie de la chaîne des Puys*
- Éd. PNRVA, 1991.

• **D'après Lavina P. :** Fig. sites 3 et 7
Fig. site 3 : *Géologie du puy de la Nugère*
- Société des Eaux de Volvic, 1999.
Fig. site 7 : *Sommets du Massif central*
- Éd. Chamina, 1998.

Limagne

• **D'après De Goër de Herve A. :** Fig. p. 62
Volcanisme et volcans d'Auvergne
- Éd. PNRVA, 1995, repris en 2002.

• **D'après Lavina P. :** Fig. sites 18 et 19
Fig. site 18 : Pour cet ouvrage, 2003.
Fig. site 19 : Illustration inédite.

Monts Dore

• **D'après De Goër de Herve A. et coll. :** Fig. site 29
Volcanologie de la chaîne des Puys
- Éd. PNRVA, 1991.

• **D'après Gourgaud A., Belin J.-M. :** Fig. site 26
- Thèse d'État de géologie, université B.-Pascal, 1985.

• **D'après Lavina P. :** Fig. sites 23 et 25
Fig. site 23 : *Sommets du Massif central*
- Éd. Chamina, 1998.
Fig. site 25 : *Histoire géologique* - Réserve naturelle de Chaudefour, PNRVA, 1995.

• **D'après Morel J.-M. :** Carte p. 72
Massif du Sancy et Artense
- Éd. Chamina, 1997, simplifié par Lavina P., 2003.

• **D'après Sagot M. :** Fig. site 20
- Pour cet ouvrage, 2003.

Cézalier

• **D'après Cantagrel J.-M. :** Carte p. 84
Chronologie du volcanisme aux environs du forage de Chassole
- Géologie de la France n°4, 1987, simplifié par Bril H., 2003.

• **Brousse R., Lefèvre C. :** Fig. site 37
Le Volcanisme en France et en Europe limitrophe, Éd. Masson, 1990, simplifié par Bril H., 2003.

Cantal

• **D'après De Goër de Herve A. :** Carte p. 95
Volcan cantalien
- Éd. Chamina 1996, modifié par Mossand P., 2003.

• **D'après De Goër de Herve A., Belin J.-M. :**
Fig. sites 41, 44, 46
Lexique *Le volcanisme en Auvergne*
- Éd. CRDP, 1985.

• **D'après Mossand P. :** Fig. sites 47, 48, 49, 50
- Pour cet ouvrage, 2003.

Velay

• **D'après Boivin P. :** Fig. sites 55, 65
Fig. site 55 : Étude CPIE Velay, 2000.
Fig. site 65 : Étude CPIE Velay, 1994.

• **D'après Borget J.-N. :** Coupes p. 110, 122, 130 ;
Fig. sites 56, 59, 60, 61, 67, 68, 69, 70, 71, 78
Fig. site 67 : Étude - Éd. GGHL, mis à jour en 2003.
Autres figures : Pour cet ouvrage, 2003.

• **D'après CPIE du Velay :** Fig. site 62
- Étude CPIE Velay, 1997.

• **D'après Mergoil J. et Boivin P. :** Carte p. 108
- Dossier Musée éclaté des volcans Velay Vivarais, 1997.

• **D'après Ruin I. :** Fig. site 73
- Étude CPIE Velay, 1999.

Ce guide a été financé avec l'aide de l'État - Secrétariat d'État au Tourisme.

Liberté • Égalité • Fraternité
RÉPUBLIQUE FRANÇAISE
ministère de l'Équipement, des Transports, du Logement, du Tourisme et de la Mer

secrétariat d'État au Tourisme

Chamina

5, rue Pierre-le-Vénérable - 63057 Clermont-Ferrand Cedex 1
Tél. 04 73 92 81 44 - Fax 04 73 91 62 24 - Mail : info@chamina.com
Internet : www.chamina.com

Dépôt légal : 2e trimestre 2003

Responsabilités : Les indications fournies dans le présent ouvrage (itinéraires, hébergements, ressources) sont exactes au moment de son édition. Les modifications pouvant intervenir par la suite sur le terrain ne pourraient en aucun cas engager la responsabilité des auteurs ni celle de l'association Chamina. Il en est de même pour les accidents de toute nature pouvant survenir aux utilisateurs lors de leurs randonnées. Néanmoins, toutes remarques ou observations qui seraient formulées seront examinées avec attention.